Toujours y croire

Olivier Giroud
avec la collaboration de Dominique Rouch

Toujours y croire

PLON
www.plon.fr

92, avenue de France
75013 Paris
Tél. : 01 44 16 09 00
Fax : 01 44 16 09 01
www.plon.fr
www.lisez.com

Dépôt légal : septembre 2020
ISBN : 978-2-259-28328-1
Mise en pages : Graphic Hainaut

À Jade, Evan et Aaron

Prologue

Je n'aime pas parler de moi. Je suis pudique et discret. J'ai toujours rechigné à déballer ma vie et exposer ma famille. Et puis, je n'ai que trente-quatre ans ; à cet âge, me direz-vous, on ne publie pas son autobiographie. L'idée d'écrire, sans être urgente, me taraudait, pourtant. En juin 2019, un appel téléphonique a précipité les événements : on me proposait d'écrire un livre, sans que j'aie initié de démarche en ce sens.

Était-ce le bon moment ? Ne fallait-il pas attendre la fin de ma carrière ? J'ai beaucoup réfléchi, mais je crois au destin, et aux rencontres, qui n'arrivent jamais par hasard. J'ai accepté de me raconter.

L'écriture de ce livre m'a conduit à revisiter mon passé sous des angles différents. J'ai pris le temps de me poser et de faire le point, pour dresser le bilan de ma trajectoire de vie. J'aborde ici des sujets qui me tiennent à cœur ; ma foi, ma famille, ma réussite bien sûr, et les moments de doute, les épreuves que j'ai traversées pour en arriver là. Je n'ai rien éludé. Au détour de ces pages, je me dévoile comme je n'avais jamais osé le faire. Sans fard. En toute transparence.

Je suis devenu footballeur par passion, avant tout, mais aussi pour rendre fiers mes proches. Cette soif de reconnaissance me questionne : pourquoi ce besoin de briller ? Sur le terrain, je ne suis ni défenseur ni milieu de terrain, je suis attaquant. Un joueur qui marque des buts et fait lever les foules. Qui délivre une équipe, flambe et éblouit des millions de personnes par un geste technique ou une action spectaculaire. On y revient : celui qui brille.

Plus que les autres, probablement, j'ai besoin d'être sous les feux de la rampe. Les circonstances de ma conception et de ma naissance ne sont sans doute pas étrangères à ce besoin de montrer que j'existe, tout simplement. Ma venue au monde – dont je parlerai longuement – est une faille, sur laquelle s'est construite la force mentale qui m'a permis de surmonter tous les obstacles. Elle a fait de moi l'homme que je suis aujourd'hui. Sensible, avide de victoires, un boulimique de chaque instant animé d'une furieuse envie de vivre.

Mon livre s'adresse aux sportifs, aux footballeurs, mais plus largement – et surtout – à ceux qui doutent, qui désespèrent ou abandonnent. Ceux qui nourrissent des rêves sans oser les réaliser.

À ces résignés, je dis : regardez-moi ! J'ai été champion du monde, qui l'aurait imaginé ? Rien ne me prédestinait à une telle carrière. J'ai réalisé mes rêves parce que j'y ai cru et que je m'en suis donné les moyens. Je l'ai profondément voulu, je me suis battu. La force que me donne chaque jour ma foi en Dieu a fait le reste.

Ne lâchez rien. Persévérez, avec confiance et humilité. Croyez en vous et en la vie. Ne laissez jamais rien ni personne briser vos ambitions.

Prologue

Cette ligne de conduite, je m'efforce de la transmettre à Jade, Evan et Aaron, mes enfants. Mon histoire leur est tout particulièrement dédiée, comme un héritage, un message d'espoir. Pour leur dire que, dans la vie, rien n'est impossible.

L'essentiel, c'est de toujours y croire…

1

Champion du monde

Jour de finale

15 juillet 2018. Finale de la Coupe du monde. Le stade olympique de Moscou, le stade Loujniki, est plein à craquer. Les Croates sont trois à quatre fois plus nombreux, mais nos supporters sont bien là, présents et bruyants. Ils chantent, nous encouragent, se lèvent et hurlent dès que nous approchons du but adverse. Il fait 28 °C, la chaleur est étouffante. Le ciel s'assombrit au fil des heures. L'orage n'est pas loin. Il règne une atmosphère pesante. Les visages sont tendus et les corps épuisés. Qu'importe ! Nous menons 4-1 face à la Croatie. Si tout va bien, dans un peu plus de vingt minutes, nous serons champions du monde.

69e minute. Hugo Lloris tente un dribble face à l'attaquant croate Mario Mandžukić, qui lui vole le ballon. 4-2 ! La tension monte d'un cran. Ce but nourrit la rage de vaincre, d'un côté comme de l'autre. Galvanisés par cette erreur, nos adversaires se font plus menaçants. Nous résistons, prêts à tout pour décrocher cette deuxième étoile. La première, pour moi.

81e minute. Le coach me sort pour laisser entrer le jeune milieu offensif, Nabil Fekir. Le public m'applaudit, il scande mon nom, alors que je n'ai marqué aucun but durant cette compétition. L'heure n'est ni aux regrets ni à la réflexion. Je quitte le terrain. Comme chaque fois, j'ai une pensée pour Jésus. Je lève les yeux vers le ciel, quelques instants. Ce soir particulièrement, je l'implore et lui demande de l'aide par une courte prière. Je reste cependant concentré sur le match, qui se déroule sous mes yeux désormais. Il reste dix minutes à jouer dans le temps réglementaire. Je sais que tout peut basculer, qu'aucune équipe n'est à l'abri d'un retournement de situation, mais je commence à y croire vraiment. Comment les Croates pourraient-ils revenir au score en si peu de temps ?

Je me dirige vers le banc où sont assis mes coéquipiers – Adil Rami, Djibril Sidibé, Steve Mandanda et Florian Thauvin, à côté duquel je m'assois. Nous sommes fébriles. Nos regards rivés sur la montre. Les minutes s'éternisent. Comme pour conjurer le sort, je répète inlassablement les mêmes mots à Florian qui ne m'écoute pas : « On va le faire ! On va le faire… » Plus que cinq minutes avant la fin du match. Mon rêve de gosse va devenir réalité. Mes proches sont à quelques mètres de moi, dans les tribunes : ma femme Jennifer, ma fille Jade qui a cinq ans à l'époque, mes parents, mon frère Romain, mon beau-frère et mes amis d'enfance. Ils comptent les secondes… Je suis heureux de leur offrir un si grand bonheur. Ils ont toujours cru en moi.

Toujours 4-2, le score n'évolue pas. Nous entrons dans les arrêts de jeu. Nous ne tenons plus en place et rejoignons le bord du terrain, debout, prêts à bondir au coup de sifflet final. J'aperçois le coach. Il est calme et concentré, mais le sourire qui s'affiche sur son visage parle pour lui. Il a gagné son pari. Il est fier de son équipe, qu'il propulse ce soir sur le toit du monde. Comme lui, vingt ans plus tôt, presque jour pour jour…

L'arbitre siffle la fin du match. J'arrête de penser. Mon esprit se brouille. Ce que je ressens est indescriptible. Je cours sur le terrain, je cours très vite, je hurle de joie, je me jette à plat ventre sur la pelouse dans la surface du but adverse. Le ciel craque et les premières gouttes de pluie tombent. Adil Rami se précipite sur moi comme une tornade, et nous nous enlaçons. Je ne me souviens pas précisément des minutes qui suivent… Je suis sur une autre planète. L'émotion me submerge. Je tombe dans les bras de Thierry Marszalek, un pilier de l'Équipe de France : chargé d'analyser le jeu des équipes adverses, il fait partie du staff depuis deux décennies. Je pleure sur son épaule, comme un gamin. « Olive, je suis content pour toi, tu la mérites, cette coupe », me glisse-t-il à l'oreille.

Mes larmes sont intarissables. J'enlace tous les gens que je croise. Guy Stéphan, l'adjoint de Didier Deschamps, me dit : « Alors ? On ne peut pas être champion avec Giroud ? » Il fait référence aux critiques et aux doutes de la presse sur ma légitimité, depuis que le coach m'a titularisé. J'essaye de ne pas accorder d'importance à ce que les journalistes écrivent sur moi. Je sais que seul le travail paye, alors je bosse, je m'accroche, je donne le meilleur. Mais parfois, cela ne suffit pas…

Faire partie des 23

Les deux saisons précédant la Coupe du monde ont été difficiles. Après un bel Euro 2016 – malgré une finale perdue contre le Portugal –, je rejoins mon club d'Arsenal, gonflé à bloc et fort de ma meilleure saison en Équipe de France et en club : trente-huit buts marqués, toutes compétitions confondues. Je n'ai pas le temps de savourer que c'est la douche froide… Mon coach de l'époque, Arsène Wenger, décide de changer de schéma tactique en début de saison et choisit Alexis Sánchez en pointe. Puis, en un an et demi, il recrute deux attaquants, Alexandre Lacazette dans un premier temps, Pierre-Emerick Aubameyang, un peu plus tard. Cette décision me fait mal, mais la concurrence fait partie du métier et je l'accepte. Je suis prêt à me battre pour mériter ma place. En vain. Lacazette marque ; je reste sur le banc.

À chaque rassemblement de l'Équipe de France, le coach Deschamps me met en garde : « Olive, ton temps de jeu sur le terrain est insuffisant. Tu dois davantage jouer, t'entraîner pour être en forme et retrouver le terrain, car rien ne remplace l'intensité des matchs, sinon ta place en Coupe du monde sera compromise. »

Didier Deschamps me fait confiance et m'a toujours soutenu, malgré les attaques des médias qui, sans cesse, remettent en question mon rôle (ou mon utilité) dans l'équipe. Cette fois, la réalité prend le dessus. Je ne joue pas suffisamment à Arsenal, c'est un fait. Pour être appelé en Équipe de France, nous devons jouer un minimum de matchs. Le coach ne fait que son devoir en m'alertant. Nos entretiens se déroulent le plus souvent en tête à tête. Il me convoque et nous parlons. « Je sais tout ce que tu as apporté à l'équipe et ce que tu continues d'apporter, mais cela ne te donne pas une carte d'immunité.» Comment pourrait-il justifier son choix de me sélectionner alors que certains de mes coéquipiers sont titulaires dans leur club?

Il a raison. La pression est forte. Je suis lucide sur ma situation, et d'ailleurs je ne me sens pas prêt à disputer une compétition aussi importante avec un temps de jeu à ce point restreint. En janvier 2018 – cinq mois avant la Coupe du monde –, je décide de quitter Arsenal pour signer à Chelsea. Enfin, je recommence à jouer et à marquer des buts. La Russie me tend les bras!

Le 17 mai 2018, la liste des vingt-trois joueurs retenus pour la Coupe du monde tombe au 20 heures de TF1. Je suis à la maison, tranquillement assis devant la télé à attendre l'annonce de Didier Deschamps. Je suis serein; j'avoue – en toute humilité – que je n'appréhende pas ce moment. Je fais partie du onze de départ, le coach choisit vingt-trois joueurs, il semble donc évident que je suis sélectionné.

Aussi étrange que cela puisse paraître, nous apprenons notre sélection lors de l'annonce télévisée. Le coach ne nous prévient pas. Une dizaine de jours avant l'annonce officielle des vingt-trois retenus, cinquante joueurs reçoivent un mail de préconvocation dans leur club. Pour ceux qui n'ont pas la certitude d'être choisis, le suspense est insupportable.

Le 23 mai, nous nous retrouvons à Clairefontaine pour entamer le stage de préparation du Mondial. Le groupe est déjà soudé. L'ambiance, détendue mais studieuse. L'objectif est clair : être prêts pour le premier match contre l'Australie. Après une saison mouvementée, je me sens physiquement fatigué, mais le staff a peaufiné un programme sur mesure pour que nous soyons au top le jour J. Mentalement, je vais bien. Je n'imagine pas les épreuves qui m'attendent.

Bienvenue en Russie

Une semaine avant le premier tour de la compétition, nous disputons à Lyon un match amical contre les États-Unis. Lors d'un duel aérien avec le défenseur américain Matt Miazga, j'arrive en retard sur le ballon et ma tête heurte très violemment la sienne. Le visage en sang, je m'écroule au sol, complètement sonné. Je crains le pire, mais les soigneurs me rassurent : je suis blessé au-dessus de l'arcade sourcilière, c'est la raison pour laquelle je saigne tant. Sous le choc, je quitte le terrain avec un bandage autour de la tête. Six points de suture pour moi, quinze pour Matt.

Le lendemain, nous nous envolons vers notre destin : la Russie. Ma blessure de la veille est encore vive, mais ne compromet en aucune façon ma participation à cette Coupe du monde. J'ai hâte. Plus que six jours avant le coup d'envoi du premier match !

Notre camp de base se situe à Istra, à une cinquantaine de kilomètres de Moscou. Un cadre somptueux mais surprenant – l'hôtel est totalement isolé, entouré de forêts. La Fédération française de football a pris soin de privatiser les lieux, pour des raisons de sécurité et pour que nous puissions nous concentrer et travailler dans les meilleures conditions. Même les moustiques qui sévissent aux alentours semblent ne pas pouvoir franchir la lourde grille du domaine. Un membre du staff nous attribue nos chambres, individuelles et décorées à l'entrée d'un portrait customisé du joueur qui l'occupe. Je souris en découvrant la fresque qui me représente…

Un peu plus tard, nous visitons l'ensemble de ce site où nous espérons séjourner le plus longtemps possible. Un cinéma, une piscine, deux courts de tennis, un terrain de pétanque et même un petit étang ! Nous parcourons dix kilomètres pour découvrir le terrain d'entraînement. La pelouse est impeccable. Tout se présente merveilleusement bien. Malgré la pluie, le moral est au beau fixe. Nous effectuons notre premier entraînement à l'abri des regards. Le lendemain, le coach autorisera une séance ouverte au public, petite attention pour les supporters français qui ont fait le voyage jusqu'en Russie pour nous soutenir.

15 juin. J-1 avant France-Australie. Dans l'après-midi, nous nous rendons à l'entraînement, le dernier avant notre premier match en Coupe du monde. Nous ne connaissons toujours pas le nom des onze joueurs retenus pour débuter cette rencontre. Le coach a pour habitude de nous prévenir la veille, de sorte que nous puissions nous préparer psychologiquement. Il arrive – rarement – que la nouvelle tombe deux ou trois heures avant le match, juste avant la causerie. Peut-être, à l'inverse, pour nous éviter de trop cogiter.

Le coach ne nous l'annonce pas personnellement. Nous l'apprenons par les « chasubles ». Je m'explique :

lors de l'opposition onze contre onze (c'est le match que nous jouons entre nous lors de l'entraînement), seuls les titulaires portent les chasubles. Le coach les donne en mains propres aux joueurs juste avant de commencer l'échauffement. On appelle ça « le mythe des chasubles ». Cet après-midi-là, le ciel me tombe sur la tête : pas de chasuble pour moi. Je ne suis pas titulaire. Didier Deschamps a fait le choix tactique d'associer Antoine Griezmann, Kylian Mbappé et Ousmane Dembélé.

Je sauve malgré tout les apparences. Je ne laisse rien paraître de ce que je ressens. Pourtant, « j'ai les boules ».

Au cours de ce dernier match d'entraînement avec l'équipe, je m'empare du ballon et fais un contrôle orienté. N'Golo Kanté me poursuit. Il se fait si pressant derrière moi que je sens son souffle sur ma nuque. L'action est cocasse, j'en oublie mon triste sort. Le terrain est un peu sec. J'accélère. Lucas Hernandez arrive face à moi, N'Golo me rattrape et, je ne sais comment, je m'emmêle les pieds, trébuche et tombe. Ma tête heurte le genou de mon coéquipier à l'endroit même de ma blessure. Je reste au sol. J'ai un mal de chien, j'enlève mon bandeau, le sang se met à couler abondamment. Deux points de suture viennent de lâcher.

C'est trop ! Je ne suis pas titulaire et, pour couronner le tout, je me dis que cette blessure m'empêchera peut-être de participer à la Coupe du monde. Je sors du terrain et je file voir le médecin qui m'attend dans les vestiaires. Sur le chemin, je craque et j'extériorise ma rage en donnant un grand coup de pied dans un panneau publicitaire. Si les médias avaient été présents, comme c'est le cas parfois, je ne me serais jamais autorisé ce geste de colère. Aucun journaliste à l'horizon. Impulsif, oui. Incontrôlable, jamais.

Ma déception est immense. Le coach, qui a l'œil partout, remarque mon désarroi. Il attendra le soir, à la fin du dîner, pour me parler en tête à tête de son choix. J'anticipe ses explications. Comme j'ai gardé mon bandage et que mes points de suture sont encore frais, je crois un instant qu'il a décidé de me laisser sur le banc pour me protéger :

« C'est à cause de ma blessure ? Vous voulez me ménager, c'est ça ?

— Non. Tu ne vas pas jouer parce que j'ai fait un choix tactique. »

C'est sans appel. Il termine notre échange par cette phrase : « Je te demande de ne pas montrer ta déception jusqu'au match. »

Je suis abasourdi. Les questions se bousculent dans ma tête. Pourquoi le coach ne m'a-t-il pas titularisé ? Pourquoi a-t-il changé le système de jeu pour ce premier match ? Je ne partage pas forcément ce point de vue, mais ce n'est pas la première fois que je me retrouve confronté à ce genre de situation. Je me résigne. C'est dur. Ça fait très mal, mais j'accepte.

Je dois aller de l'avant, conserver un bon état d'esprit face à mon équipe. Faire passer le collectif avant ma petite personne. Le mental joue un rôle essentiel quand il s'agit de rebondir. Je vais puiser des forces très loin en moi pour surmonter ma déception. Et puis, il y a ma foi. Je prie et demande de l'aide à Jésus pour que la situation tourne en ma faveur. Il faut que je sois le plus performant possible.

Après le dîner, j'appelle Jen, ma femme, présente dans les bons comme dans les mauvais moments. Elle seule parvient à m'apaiser, elle a la distance nécessaire et les mots qu'il faut : « Sois patient, garde la foi et reste concentré. Ton heure viendra, il faut que tu sois prêt. » Mon frère Romain, mon premier fan, me soutient aussi.

La nuit est interminable, agitée. Je ne parviens pas à trouver le sommeil. Ma situation est émotionnellement difficile à gérer. Je suis pris dans des pensées envahissantes dont je n'arrive pas à me défaire. Mais je me dois de rester concentré sur un seul et unique objectif : la victoire de l'Équipe de France avec ou sans moi.

Mériter sa place

L'heure du premier match arrive. Assis sur le banc, je prends sur moi et j'encourage mes potes. L'Équipe de France peine à marquer. La complicité entre les trois attaquants n'est pas évidente. Je m'échauffe depuis le début de la deuxième mi-temps et, à la 70e minute, le coach me fait rentrer. C'est ma chance, je dois apporter quelque chose à l'équipe, ma prestation doit être déterminante. Deschamps répète souvent que les remplaçants jouent un rôle important. Je veux être décisif ! C'est le moment de prouver que je mérite ma place. L'adrénaline monte. Je fais abstraction de mes émotions, puis j'entre sur le terrain.

Les deux équipes sont à égalité : 1-1. Malmenés par les Australiens, il nous faut réagir et inscrire un second but. À dix minutes de la fin, à l'entrée de la surface de réparation, Paul Pogba s'appuie sur moi pour un « une, deux» et tire. Sa frappe est déviée par un défenseur adverse, heurte la barre transversale, puis franchit la ligne de but des Australiens de quelques centimètres. 2-1 ! La FIFA n'accordera pas ce but aux Français mais à l'Australien Aziz Behich, considérant que le joueur a marqué contre son camp.

Si les instances du foot n'avaient pas retiré ce but à Paul, j'aurais été l'auteur de la passe décisive. Aucune importance! Grâce à lui, grâce à moi, la France vient de remporter son premier match de qualification. Mission accomplie. Je regagne ma place de titulaire. À partir de ce jour, ma chasuble ne m'a plus jamais quitté.

« On ne peut pas gagner avec Giroud »

Je compose avec les médias. Me protéger des critiques anti-Giroud qui pleuvent régulièrement fait partie de mon job. Je ne regarde quasiment pas les réseaux sociaux et lis peu la presse, ce qui n'empêche pas certaines infos de me parvenir malgré moi. Cette fois, elles sont positives. Je ne suis pas dupe : si j'avais raté mon entrée dans cette Coupe du monde, les journalistes n'auraient pas hésité à en remettre une couche sur ma légitimité. Mais, à la suite de ce premier match, je peux lire : «On a envie de voir d'autres joueurs que Giroud en pointe, mais quand il n'est pas là, il manque quelque chose.» Ou encore : «Olivier manque à l'équipe quand il ne joue pas.»

Évidemment, je ne suis pas le seul attaquant de cette Équipe de France. Nul n'est irremplaçable, mais ces mots me font chaud au cœur.

Compte tenu de ma prestation face à l'Australie, le coach me titularise contre le Pérou. Un deuxième match que nous devons gagner afin de ne pas nous retrouver en difficulté pour la qualification en huitièmes de finale. Plus qu'un match : c'est un duel, que nous menons dans un stade hostile. Le Pérou, qui n'avait plus participé à une Coupe du monde depuis 1982, a réussi à embarquer trente-cinq mille Péruviens sur les quarante mille places que comptent les gradins ! Au moment de leur hymne national, j'ai des frissons tant leur ferveur fait vibrer l'atmosphère. On se croirait en Amérique du Sud. La tension est palpable. Lors de l'échauffement, sous les sifflets des supporters, je dis à Paul Pogba :

« On ne fait quand même pas ce métier pour jouer ce genre de match ?

— Il faut que cette hostilité devienne notre force », me répond-il.

Il a raison. L'adversité nous donne la rage. Elle nous booste. J'entame le match avec un mental de guerrier. Je suis présent sur tous les coups. Remise du pied gauche, de la tête, monopolisation du défenseur péruvien pour offrir de l'espace à mes coéquipiers. J'ai envie de marquer ! À la 34e minute, Paul me fait une passe. Je tire, mais ma frappe est contrée. Kylian, à l'affût devant le but, récupère le ballon et le glisse au fond des filets. Sans son intervention, le ballon entrait quand même tout droit dans le but adverse. Je ne voulais pas faire de passe, mais tirer au but. J'aurais dû marquer, Kylian se trouvait sur la trajectoire… et comme tout buteur qui se respecte, il s'interpose et tire. Plus tard, on me demande si je lui en veux de m'avoir « volé » ce but. La réponse est clairement non. À sa place, j'aurais agi de la même façon. L'attaquant est le joueur le plus égoïste d'une équipe, et il doit l'être. Dans la surface de réparation, il pense à lui – et, par extension, au groupe. Kylian a fait ce qu'on attend de lui. Nous en discutons ensemble à la fin du match et l'incident (qui n'en est pas un) se règle immédiatement.

Je ne fais pas preuve d'un excès de gentillesse. Je comprends son geste et sa joie de marquer son premier but en Coupe du monde. Ma réaction est également en accord avec ce que je suis profondément : altruiste et généreux, sur le terrain comme en dehors. Cela peut paraître un peu vantard, mais c'est le résultat de mon éducation. Il reste encore des matchs, les occasions de marquer ne manqueront pas.

Une bande de potes

En marge de la compétition et en dehors du terrain, il y a l'Équipe de France, devenue au fil des années, grâce à Didier Deschamps, un groupe soudé. Malgré l'écart d'âge entre le plus jeune (dix-neuf ans) et le plus « vieux » (trente-trois ans), les différences de goût, de mode de vie, nous nous respectons. Nous sommes une bande de potes.

Concentrés et sérieux la journée, nous nous détendons le soir.

Après le dîner, certains refont le monde, d'autres écoutent de la musique dans leur chambre ou jouent aux cartes. Nous vivons dans une atmosphère calme et sereine. À quelques soirées près…

À l'issue du match contre le Pérou, nous avons besoin de décompresser, d'oublier le foot quelques heures. Nous sommes déjà qualifiés pour les huitièmes de finale, la rencontre contre le Danemark n'est qu'une formalité. Nous avons envie de fêter ce premier exploit et de sortir de notre camp de base. Concertations : comment convaincre le coach de nous accorder un peu de liberté ? Adil Rami endosse le rôle du sauveur et prend la parole : « C'est moi qui vais lui demander. Les gars, on n'a rien à perdre. S'il dit non, tant pis, on aura quand même essayé ! »

Didier Deschamps est assis quelques mètres plus loin. Il discute avec les membres de son staff. Il paraît détendu. Le moment semble opportun. Nous nous avançons timidement vers lui, comme des gamins face à leur professeur. Le coach esquisse un sourire entendu en nous voyant arriver :

« Si Rami est là, c'est qu'il se passe quelque chose. Ça ne sent pas bon tout ça. (Il rit, puis reprend :) Je vous écoute.

— Coach, nous avons besoin de souffler et de nous changer les idées. Nous aimerions sortir du camp pour aller dîner quelque part… »

Sans l'ombre d'une hésitation, le coach accepte notre requête. Nous sommes stupéfaits d'avoir eu si peu besoin d'argumenter et, en même temps, pas si surpris d'avoir eu gain de cause. Didier Deschamps est un homme juste et humain, l'une de ses principales qualités est l'empathie. Il se met à notre place. Ce soir-là, il comprend que, pour le bien du groupe, il doit relâcher la pression et nous accorder un espace de liberté. Le prochain match n'a lieu que dans cinq jours.

Plusieurs vans Mercedes de la FFF sont affrétés pour l'occasion. Direction Moscou, à plus d'une heure de route. Nous sommes encadrés par le service de sécurité qui veille discrètement mais efficacement sur nous. Le restaurant dans lequel nous dînons n'est pas privatisé. Ordre est donné de ne pas nous importuner. Les clients se montrent discrets et respectueux, à l'exception de trois jeunes qui nous sollicitent pour prendre des photos, ce que nous acceptons volontiers. Nous sommes tellement heureux de retrouver la « vraie vie » ! Nous nous autorisons quelques verres, nous rions, nous discutons de tout et de rien, mais très peu de foot, puis nous rentrons à Istra, revigorés, prêts à poursuivre le « combat ».

La seconde escapade à l'extérieur ne ressemble pas tout à fait à la précédente… Elle se déroule quelques heures après notre belle victoire contre l'Argentine. Qualifiés avec brio pour les quarts de finale, nous sommes dans un état d'excitation et d'euphorie que seuls quelques excès peuvent, éventuellement, calmer.

La soirée débute plutôt calmement, sur une péniche privatisée pour l'occasion. Le décor est superbe, le dîner délicieux et les vins bien choisis. Nous buvons un peu plus que la dernière fois. L'ambiance, au fil des heures, se fait festive. La température atteint son pic sur le trajet du retour vers notre camp de base.

À notre arrivée à l'hôtel, le groupe se disperse et je me retrouve avec Hugo Lloris et Lucas Hernandez, très joyeux ce soir-là. La nuit est très noire. Lucas chante, se rapproche de la piscine et, soudain, il se jette à l'eau tout habillé. L'alcool aidant, il manque de boire la tasse et se rattrape de justesse au bord. Nous partons tous trois d'un fou rire que je ne suis pas près d'oublier. L'un de mes plus beaux souvenirs de cette Coupe du monde.

Comme un fou rire n'arrive jamais seul, dans la même soirée, Adil Rami s'illustre magistralement avec son extincteur. Je ne m'étendrai pas sur cet épisode, raconté maintes et maintes fois dans les moindres détails. Unique et inoubliable.

Le toit du monde

La vie reprend à Istra. Nous nous remettons sérieusement au travail et retrouvons peu à peu notre concentration pour affronter l'Uruguay en quarts de finale. Un match que nous remportons 2 buts à 0. Je suis satisfait de ma prestation, tout particulièrement lors des duels face à l'une des meilleures défenses de ce Mondial. La compétition se poursuit. Nous gagnons, mais je reste muet face au but. Je ne cache pas que, pour un attaquant, c'est une situation difficile à vivre. Ma force de caractère me permet de ne pas perdre confiance en moi et en mes capacités. Curieusement, les médias m'épargnent et saluent mon rôle dans l'équipe. Quelques critiques fusent quand même, mais je continue de tracer ma route.

Et plutôt bien. Je ne marque pas, mais je fais des passes décisives, je suis efficace… sauf en demi-finale contre la Belgique. Je manque de réalisme et de promptitude, sur une action notamment. Je n'anticipe pas suffisamment et, au moment où le ballon arrive sur moi, je ne suis pas prêt. Je loupe ma frappe. J'aurais pu, j'aurais dû marquer. J'en discute un peu plus tard avec Guy Stéphan, l'adjoint du sélectionneur : « Je garde le but pour la finale. »

Ce but n'arrivera jamais…

Nous remportons le match contre la Belgique 1-0. Le coach nous autorise à dîner avec nos proches. Jennifer, mon père et mon beau-père me rejoignent, mais aussi ceux que je surnomme « mes frérots » : Didier, Momo, Baptiste et Mat. Pour rien au monde ils n'auraient raté une occasion de me voir jouer. Notre amitié dure depuis de longues années. Ces quatre-là sont, en dehors de ma famille, des piliers inébranlables sur lesquels je peux m'appuyer en toutes circonstances. Nous sommes liés comme les cinq doigts de la main ; d'ailleurs, il m'arrive de leur dédier des buts en brandissant mes cinq doigts. Mon but contre la Suisse en Coupe du monde 2014, au Brésil, par exemple.

12 juillet. Finale. Victoire. Je n'oublierai jamais ce que nous avons vécu ce soir-là. Au-delà de l'ivresse d'avoir gagné ce titre, c'est la présence à mes côtés de ma fille Jade qui suscite ma plus grande émotion. L'excitation retombée, je vais la chercher dans les tribunes pour l'emmener sur la pelouse. Elle n'a que cinq ans, mais je sens qu'elle réalise l'importance du moment. Je la soulève et nous prenons une photo ensemble, avec la coupe dans les bras. Jen arrive quelques minutes plus tard. Nous nous enlaçons et, dans le creux de l'oreille, elle me murmure qu'elle est fière de moi.

Je suis devenu footballeur par passion et chaque jour je remercie le ciel de pouvoir en vivre. Je joue pour gagner, pour me construire un beau palmarès et un avenir sécure, mais aussi pour mes proches. Ce soir, ils ont des étoiles dans les yeux. Et ces étoiles, c'est moi qui les leur offre. Ils les méritent tant ! Ils me soutiennent, quoi que je fasse, quoi que je décide, quoi qu'il m'arrive. Ils encaissent comme moi les coups qui me sont adressés, ils tremblent lorsque je joue, exultent lorsque je marque. Cette coupe, elle leur appartient autant qu'à moi. Nous l'avons gagnée ensemble et nous allons la célébrer ensemble.

Après la fête dans les vestiaires, c'est une grande fiesta qui nous attend à Istra. Nous profitons du trajet retour entre le stade Loujniki et le camp de base pour nous retrouver enfin entre nous. Survoltés. L'avant du bus, où est installé le staff, est de plus en plus bruyant. Même le coach, si posé habituellement, se lâche au point de faire sursauter le chauffeur, en frappant en rythme sur les vitres pour saluer les supporters. Presnel Kimpembe, DJ du groupe à ses heures, prend sa mission très au sérieux et fait résonner des tubes de rap, repris en chœur par Thomas Lemar, Kylian Mbappé, Paul Pogba et Blaise Matuidi.

Benjamin Mendy, torse nu, se déhanche dans l'allée du bus en chantant à tue-tête. Le champagne coule à flots. Nous sommes en transe.

Nous arrivons à l'hôtel vers 1 heure du matin, accueillis pour la dernière fois par une haie d'honneur du personnel. Ce rituel avait été instauré dès le début de la compétition. À chaque retour de match, les membres de l'hôtel fêtaient notre victoire de cette façon.

Nous fendons la foule en brandissant la coupe, qui

passe de mains en mains. Nos familles et nos proches, surexcités aussi, nous attendent déjà dans la salle à manger. La Fédération a organisé leur prise en charge. Jennifer et Jade sont là. Je retrouve mes parents, que je n'ai pas eu l'occasion de voir au stade.

« Je suis fier de toi mon fiston. Bravo ! » me dit mon père, les yeux embués de larmes. Jamais je ne l'ai vu si ému. Ma mère aussi est fière de son « poussinou » – c'est le surnom qu'elle me donne depuis que je suis né. Je reste leur « petit Olivier ». Ce soir, le petit Olivier est champion du monde et il va fêter son titre comme il se doit.

Le régime sportif, composé de pâtes et de viandes blanches, que nous avons ingurgité tout au long de la compétition laisse place au barbecue et aux excès sucrés en tout genre. Les flûtes se vident au rythme des chansons que nous improvisons, debout sur les tables. Nous entonnons la reprise du tube de Joe Dassin, « Les Champs-Élysées », en modifiant les paroles en l'honneur de notre milieu de terrain N'Golo Kanté. Benjamin Pavard et sa « frappe de bâtard », en référence à la chanson que des supporters ont composée, a droit lui aussi à sa minute de gloire musicale. Puis c'est au tour de Paul Pogba d'enflammer la piste de danse avec ses frères jumeaux, Mathias et Florentin. Sous l'œil amusé de DJ Snake, venu pour l'occasion, les trois frères enchaînent les chorégraphies sur des déhanchés endiablés.

La soirée s'étire jusqu'à 3 heures du matin. La salle se vide peu à peu. Le soleil se lève déjà dans ce coin de Russie. Les familles, qui accusent des mines fatiguées, montent se coucher. Impossible pour nous de les suivre, l'euphorie dans laquelle nous a plongés le coup de sifflet final n'est pas encore retombée. Pour nous, la fête ne fait que commencer…

Nous sommes quelques-uns à nous diriger vers un lac rempli de vase. Florence Hardouin, la directrice générale de la Fédération, Raph, notre maître d'hôtel, Bach, notre Kitman (l'intendant chargé de s'occuper de nos affaires) et d'autres salariés de la FFF sont de la partie. Quelques minutes d'hésitation, et nous entrons les uns après les autres dans cette eau épaisse et marron. Certains se retrouvent en caleçon. D'autres, comme notre DG, y entrent entièrement habillés. Les cris et les chants résonnent de plus belle. Nous ne ressentons ni le froid ni la fatigue.

Dans la folie du moment, Lucas Hernandez vient chercher Raphaël, notre maître d'hôtel, pour lui raser la tête en public. Vers 5 heures du matin, nous terminons la nuit près de notre centre d'entraînement par une partie de pétanque.

Tout a une fin. Quelques heures plus tard, cette merveilleuse aventure se termine. Le temps est venu de nous séparer, après plus de deux mois passés ensemble. La fatigue aidant, nous ne nous éternisons pas sur les adieux. Chacun de nous, accompagné de sa famille, repart vers des vacances bien méritées.

Atterrir

Pour Jen, les enfants et moi, c'est le sud de la France. Une fête d'un tout autre genre nous attend : le baptême d'Aaron, notre petit dernier à peine âgé de six mois. Tous les proches – famille et amis – qui n'ont pas eu la possibilité de se rendre en Russie nous rejoignent à Èze, à l'hôtel Cap-Estel, un endroit idyllique, hors du temps.

Une occasion supplémentaire de poursuivre le rêve.

Au terme de la cérémonie, je dois honorer un pari conclu quelques semaines auparavant avec des journalistes de TF1. L'un d'eux m'avait posé la question suivante : « Que seriez-vous prêt à faire si vous gagniez la coupe du monde ? » Comme mon style et ma coupe de cheveux suscitent bon nombre de moqueries de la part de mes coéquipiers, j'ai répondu instinctivement : « Je me raserais la tête, ce sera marrant. »

Pari tenu, le soir du baptême de mon fils, je me retrouve avec la boule à zéro... Inutile de préciser que mon nouveau look n'a pas fait taire mes potes, qui n'ont jamais cessé de me chambrer.

Nous séjournons ensuite quelques jours à Monaco, puis nous laissons nos trois enfants à Grenoble chez leurs grands-parents et nous nous envolons, Jen et moi, pour un voyage en amoureux, à Ibiza.

La pression retombe, je me sens fatigué. J'ai besoin de m'évader, de m'extraire de la liesse populaire, de couper avec le monde extérieur pour me retrouver au calme, en tête à tête avec ma femme. La destination choisie n'est pas la plus reposante, mais nous faisons en sorte d'éviter la foule. Nous visitons de merveilleux endroits, nous partons nous balader en bateau, nous marchons sur la plage et nous parlons beaucoup... Petit à petit, je redescends sur Terre...

La chute n'est pas évidente. Comment monter si

haut, puis repartir de zéro sans être atteint moralement ? C'est le sort des sportifs de haut niveau.

Dans ces moments, je mesure l'importance de mon entourage, tout particulièrement de ma femme et de mes enfants. Ils m'aident à traverser ce passage à vide. Lorsque je regarde Jade, Evan et Aaron, je me dis que je n'ai pas le droit de faiblir. Et je ne faiblis pas, ils me donnent la force et l'envie de me battre… et ne me laissent pas vraiment le temps de m'abandonner à mes états d'âme. Trois enfants en bas âge, ça occupe. Ils ont cette étonnante capacité de me faire relativiser. Je me décentre ; ils sont ma priorité. Ils passent avant le foot, avant moi, avant tout.

Ma femme traverse – endure – ces périodes difficiles avec un mélange de force, d'intelligence et de bienveillance. Je ne vis pas bien les semaines qui suivent la victoire. D'autres joueurs ont parlé de « moments délicats », de « mini-dépression ». Je confirme. Au moment de réintégrer mon club à Chelsea, je suis dans une période critique. Las, sans énergie. Une sorte de décompression naturelle, qui prend la forme d'une fatigue mentale, avec cet étrange sentiment de n'avoir pas suffisamment célébré ce moment unique, de n'avoir pas assez fait la fête. J'ai l'impression que ce titre de champion du monde s'efface au fil du temps, m'échappe…

Mon ami Antonio Rüdiger, qui joue à Chelsea, me répète sans cesse : « *Olivier, World Cup 2018, winner!* » Comme s'il voulait me dire : « Ce titre, personne ne pourra jamais te l'enlever. » C'est vrai. Encore aujourd'hui, les gens que je croise dans la rue me remercient pour ce que nous avons fait. Je suis champion du monde à vie, mais il va me falloir un sacré mental, une sacrée force de caractère pour me remotiver, chausser les crampons et repartir pour une saison.

Accrocher une étoile sur son maillot est sans aucun doute l'aboutissement d'une carrière. Difficile de faire plus grand, plus beau, plus intense qu'une victoire en Coupe du monde avec son pays. Je ne minimise pas les autres titres, la Ligue des champions est prestigieuse, mais jouer pour une ville ou jouer pour sa nation, pour soixante-sept millions de Français, c'est incomparable. Je suis patriote, j'aime mon pays, je suis fier de le représenter et d'avoir porté nos couleurs au sommet. Mais il est hors de question que je m'arrête là.

Je vais rebondir.

Lors d'une discussion dans les vestiaires de mon club en Angleterre, mes coéquipiers me demandent pourquoi je ne mets pas un terme à ma carrière internationale. « Tu es champion du monde, tu devrais partir maintenant que tu es au top. Ce sera très dur de faire mieux, ou de confirmer en gagnant l'Euro. »

J'entends leurs arguments, mais l'idée de quitter cette sélection ne m'a jamais traversé l'esprit. Je suis trop attaché à l'Équipe de France, j'ai faim de victoires. Je ne veux pas regretter d'avoir arrêté trop tôt. Il me reste des buts à marquer et des matchs à gagner. Le foot est un éternel recommencement…

Être sacré champion du monde ne fait pas de moi quelqu'un de différent. Ce titre me rend fou de bonheur, sans m'enflammer. Jamais. Je n'oublie pas ce que j'ai enduré pour en arriver là.

Dans les moments difficiles, j'ai positivé en attendant

des jours meilleurs. Je reste fidèle à ma devise : travail, respect et humilité. Cet état d'esprit, je le dois à mes parents. Eux non plus n'ont pas changé, ni leur regard sur moi. Je suis entouré par une famille, une belle-famille et des amis qui veillent sur mon bien-être, quoi qu'il arrive. Sereins, calmes, jamais dans l'excès. J'ai peu de mérite. Je ne fais que leur ressembler.

S'il existe un avant et un après, il provient du monde extérieur. Le coach nous avait prévenus, juste après la victoire, lorsque nous nous sommes tous retrouvés dans les vestiaires. « Il n'y a rien de plus beau, rien de plus grand que de gagner la Coupe du monde. À partir d'aujourd'hui, des choses vont changer dans votre vie. Vous ne serez plus jamais les mêmes. Vous savez pourquoi ? » Il a brandi la coupe et a hurlé : « Champions du monde !!!!! »

Il avait raison. Notre cote de popularité explose. Nous sommes connus et reconnus dans le monde entier. Les publicitaires nous sollicitent, les demandes de toutes sortes se multiplient. La Légion d'honneur nous fait entrer dans un cercle honorifique très fermé de personnes qui contribuent à faire rayonner la France. Cela dit, je tiens à faire la différence entre nous, sportifs qui faisons rêver, et ceux qui se battent pour notre pays. Il faut remettre les choses à leur juste place.

Cette notoriété nouvelle, je ne la renie pas, elle n'est pas désagréable à vivre. Elle m'apporte une confiance supplémentaire, mais, au plus profond de moi, je ne change pas. Je reste le fils de mes parents, le mari de Jen et le père de mes enfants. Le champion du monde n'oublie pas d'où il vient…

2

Enfance

Un accident

M'accrocher pour exister, c'est l'histoire de ma vie, depuis le tout début.

Cette histoire commence très tôt. Dans le ventre de ma mère.

Je suis un accident. Après trois enfants, mes parents ne souhaitent plus agrandir la famille. Les premières semaines, je pousse caché au creux de ma maman, qui ignore ma minuscule présence.

J'apprends l'histoire de ma conception à l'adolescence. Ma mère et moi sommes seuls à la maison quand elle décide d'aborder le sujet. Ce secret la ronge depuis de longues années. Elle a beaucoup prié pour trouver le courage de m'annoncer cette vérité.

Les détails de ce moment m'échappent. Je me souviens seulement que nous nous trouvons dans la cuisine. Le regard de ma mère est franc, mais ses yeux trahissent la peur de ma réaction. Ses mots sont presque violents tant ils sont sincères et prononcés sans ménagement. Un cri du cœur. « Tu n'as pas été désiré », me dit-elle. Immédiatement, elle ajoute : « Mais tu sais, dès que tu es venu au monde, nous étions heureux de t'accueillir. » Cette précision est superflue. Je n'ai jamais douté une seule seconde de l'amour de mes parents.

Rassurée par ma réaction plutôt sereine, elle exprime ce qu'elle a ressenti durant les neuf mois de grossesse : « J'ai mené un combat intérieur terrible. Un combat spirituel de tous les instants. C'était une souffrance qui venait de mes tripes, car je ne voulais pas de quatrième enfant. Ton père et moi estimions que la famille était suffisamment grande avec trois. Nous ne nous étions jamais projetés autrement. »

Je sais que, pour des raisons religieuses, ma mère n'a jamais imaginé avoir recours à l'avortement. Une solution exclue dès le départ. Elle s'est retrouvée prisonnière.

Cette discussion aurait pu me perturber, m'anéantir, mais il n'en est rien. Ma famille m'a donné tellement d'amour que cette révélation n'a aucun impact sur moi à ce moment-là. Elle est, si j'ose dire, de l'ordre du détail, de l'anecdote. Une anecdote fondatrice tout de même, ma légende en quelque sorte, où ma rage de vivre prend racine, je crois.

Nous restons longtemps dans cette cuisine. La tension retombe, nous parlons plus librement. Nous sommes émus, ma mère est soulagée. Comme elle dit souvent : ce qui s'exprime ne s'imprime pas. Elle a expulsé ce poids qu'elle portait depuis longtemps. Paroles libératrices pour nous deux.

J'ai souvent repensé à tout cela, me disant que, déjà, à l'état de fœtus, j'avais dû lutter pour survivre. Oui, ce que je suis devenu découle en partie du combat que j'ai mené *in utero*. Il m'a armé pour la vie. Il m'a stimulé, il a forgé mon caractère et m'a donné la force d'affronter les difficultés. Sans cet « accident », je n'en serais peut-être pas là aujourd'hui.

Un cheveu sur la soupe devenu cerise sur le gâteau

Le 30 septembre 1986, à la clinique Sainte-Marie de Chambéry, je pointe mon nez. Les doutes et les angoisses qui ont envahi ma mère durant neuf mois cèdent la place à une grande joie. Mon frère Bertrand a dix ans et demi, Romain a neuf ans et Bérengère, cinq ans et demi. Je suis l'attraction, le petit chouchou, un cheveu sur la soupe devenu cerise sur le gâteau. Tous se réjouissent de ce cadeau de rentrée inattendu, même cette sœur à qui je viens de piquer la place de petite dernière. Sur une photo que je garde en mémoire, on voit mes frères, ma sœur et leurs copains me regarder, béats, penchés sur mon couffin.

Quelques jours après ma naissance, nous rentrons dans notre maison, à Froges. C'est dans cette petite ville d'Isère, qui compte à l'époque quatre mille habitants, que je grandis, dans la vallée du Grésivaudan, à quelques kilomètres de Grenoble.

J'imagine que la population a doublé, depuis.

Nous vivons dans une maison à deux étages. Dans le jardin, mes parents ont fait construire une piscine.

Un peu plus loin, il y a une balançoire et des pommiers, que nous finirons par couper ; ils étaient malades. Il y a aussi des framboisiers, un cerisier et deux ou trois sapins, dont un tout petit, gris, que mon grand-père a planté l'année de ma naissance. Régulièrement, je compare ma taille à celle de mon arbre jumeau. Au fond du jardin, une petite cabane pour stocker le bois. Nous aimons passer les soirées d'hiver devant la cheminée.

Toute ma famille est originaire de la région. Mes grands-parents maternels vivent à cent mètres de chez nous, dans une jolie maison. Mon grand-père est fromager. Il va traire les vaches dans la montagne, puis fait du fromage. Son métier me fait rêver. J'ai dix ans quand je commence à m'intéresser à ce qu'il fait. Il est déjà à la retraite. Je lui dis : « Papi, je suis jaloux parce que tu as emmené mes frères traire les vaches et pas moi ! » Ma grand-mère s'occupe de la vente dans la fromagerie du village, qui leur appartient. C'est une belle réussite.

Je suis très attaché à mes grands-parents. Presque chaque jour, en sortant de l'école, je m'arrête chez eux pour prendre le goûter et regarder la télévision, avant de rentrer faire mes devoirs à la maison. Parfois, je joue au rami avec ma grand-mère. Elle me laisse gagner, jusqu'au jour où je deviens plus fort qu'elle. Elle s'appelle Antonia et, de mes quatre grands-parents, elle est la seule qui me reste. Elle vit toujours dans la même maison.

Mon enfance peut être résumée en une phrase : douce et heureuse, au sein d'une famille unie. Mes parents ne se disputent quasiment jamais. Ils sont toujours ensemble aujourd'hui, et très soudés. Un modèle que je m'efforce de reproduire. Fonder une famille, aimer, se sentir aimé, protéger les siens ; c'est ce qui nous fait avancer, abattre des montagnes, ce qui nous tient debout lorsque la vie se montre rude. Ma famille est mon point d'ancrage, mes racines et mes ailes.

La fin de l'insouciance

C'est avec une belle insouciance que je traverse mes premières années. Soudainement brisée par la perte d'un être cher. J'ai douze ans quand Philippe, le meilleur ami de mon frère Romain, se tue dans un accident de voiture. Il avait vingt ans. Il faisait partie de la famille. Mes parents fréquentaient les siens et Philippe passait beaucoup de temps à la maison. Romain et lui étaient inséparables. La bande de copains perd un de ses piliers.

Je suis chez moi avec Bertrand, Romain et quelques amis lorsque le frère de Philippe nous annonce cette terrible nouvelle. Le choc est si brutal que je reste sans réaction. Mes parents arrivent sur-le-champ. Dans leurs yeux, je vois passer l'incompréhension, la sidération, avant l'effondrement. Pour la première fois, je suis confronté à la mort. Je prends conscience que tout peut basculer d'une minute à l'autre. Je suis un enfant, je l'ignorais…

Je m'allonge sur le canapé. J'éclate en sanglots. Je pleure longtemps, très longtemps. Partagé entre tristesse et colère : « C'est injuste et cruel ! Comment Dieu peut-Il laisser faire ça ? » Il me faudra du temps pour me remettre de cette épreuve, la première. Je suis toujours en contact avec les parents et le frère de Philippe, qui comptent parmi mes proches.

Le temps qui passe a cela de magique qu'il éloigne les douleurs et les peines sans jamais les effacer. Elles finissent même par former un horizon apaisé. Je n'ai jamais oublié, mais ma vie a repris son cours. Avec son lot de petits bonheurs, de rigolades, empreinte de légèreté.

Il faut que ça bouge

Je suis un enfant joyeux et espiègle, entouré de copains. Je ne supporte pas de me retrouver seul. Si je n'ai pas la possibilité de coller aux basques de mes frères, j'appelle l'un ou l'autre de mes amis pour lui proposer de venir jouer à la maison ou de faire une partie de foot. Il faut que ça bouge, il faut que je bouge ! Je suis débordant d'énergie, à la limite de l'hyperactivité. Le soir venu, épuisé par la journée, il m'arrive de m'endormir à table, alors que nous dînons en famille.

Je suis également très affectueux, probablement parce que je reçois énormément d'amour. Ma mère ne manque pas une occasion de me serrer dans ses bras. N'y voyez aucune forme de culpabilité de sa part, c'est un sentiment qu'elle n'a jamais éprouvé à mon égard. Elle aime tout simplement me câliner. C'est encore le cas. Moi adulte, notre relation est toujours aussi tendre. Dès que je la vois, j'ai envie de la prendre dans mes bras. J'en ai besoin.

Nous sommes très proches. C'est elle qui nous élève. Mon père est cadre supérieur dans une société agroalimentaire et travaille énormément, il est présent pour nous autant que possible mais il a peu de temps. Il part chaque matin à 4 heures et rentre tard le soir. Je profite de sa présence le dimanche matin. Je me glisse dans le lit de mes parents et il me fait des câlins en attendant que ma mère apporte le café.

Mon père est un homme tendre et charismatique. C'est un homme qu'on écoute quand il parle. Il n'a pas besoin de répéter pour qu'on lui obéisse. Mais je dois reconnaître que, celle qu'on craint, c'est ma mère.

Elle travaillait comme secrétaire dans l'entreprise de ses parents et, lorsque mon deuxième frère est né, elle a quitté son emploi pour se consacrer à ses enfants. Le moins que l'on puisse dire, c'est qu'elle a pris notre éducation à cœur !

C'est une femme de poigne, dotée d'un sacré caractère. Elle est très douce, très sociable. Elle parle peu, mais ses mots ont beaucoup de poids. En l'absence de mon père, elle nous élève en alternant les deux rôles. Elle est sévère, autoritaire et exigeante. Nous ne prenons pas le risque de faire les malins face à elle, nous la craignons beaucoup trop. Elle ne transige jamais quand il est question d'éducation.

À la moindre bêtise, nous avons droit à une fessée, parfois même avec le martinet. Elle nous explique que « les mains sont faites pour caresser et non pas pour taper ». Moi, je pense qu'elle a peur de se faire mal… Ma mère est très loin de la mère fouettarde, mais avec quatre enfants vifs et parfois agités, elle ne peut se permettre de lâcher du lest.

Mes parents n'interviennent que rarement dans nos disputes ou nos discussions. Nous avons la chance de pouvoir nous exprimer librement au sein de notre famille. D'agir comme nous le souhaitons dès lors que nous ne dépassons pas les limites imposées. Nous n'avons pas eu une enfance bridée. En revanche, notre mère nous a très tôt inculqué des valeurs. Le bien, le mal, ne pas faire pas aux autres ce qu'on n'aimerait pas qu'on nous fasse. Elle nous a façonnés dans la rigueur, le travail, l'abnégation. Elle a exigé de nous que nous soyons respectueux, polis et obéissants.

J'essaye d'élever mes enfants sur le même modèle.

Des valeurs

Très tôt, ma mère nous a enseigné la valeur de l'argent. Nous n'avons jamais manqué de rien, mais un sou est un sou, et il était hors de question de déroger à ce principe. Elle détestait le gaspillage et ne jetait rien. Avec une famille nombreuse, elle se devait d'être économe.

Petit, je me rappelle lui avoir demandé de m'acheter la dernière paire de baskets à la mode. Elle a refusé et m'a expliqué les raisons de sa décision. J'ai été très déçu, mais j'ai enregistré la leçon. Ce que ma mère nous a enseigné m'a beaucoup servi quand j'ai commencé à gagner de l'argent.

J'ai la chance de pouvoir assurer à ma famille un train de vie agréable et très confortable. Nous vivons dans un bel appartement à Londres, nous avons une *nanny* pour les enfants, un chef cuisinier et d'autres avantages ; bref, une belle vie.

Je suis footballeur professionnel depuis de longues années, et tout le monde connaît plus ou moins le montant de nos salaires et de nos primes. J'aurais pu dépenser sans compter et flamber; pourtant, sans ni me priver ni priver ma femme et mes enfants, j'ai toujours fait attention. Avant tout par principe, mais aussi parce que cet argent n'est pas inépuisable et notre carrière très courte. Elle se termine avant quarante ans. J'ai pensé à ces lendemains moins prospères et j'ai fait en sorte de nous mettre à l'abri. Un sou est un sou, même quand on en a beaucoup.

Je m'efforce de transmettre ces valeurs à mes enfants. Ils sont trop petits pour avoir conscience de ce que nous possédons, mais j'essaye de leur expliquer leur chance; ils sont privilégiés. Il m'arrive aussi de leur refuser les cadeaux qu'ils me réclament, quand j'estime que je les ai suffisamment gâtés. Peu m'importe leur déception, je sais qu'un jour, comme moi au même âge, ils comprendront.

3

La religion

Ma réalité

Je suis très croyant. C'est ma réalité. Elle peut surprendre, paraître un peu dépassée à notre époque, surtout chez un sportif. Mais j'assume ma foi et la revendique haut et fort.

Je ne suis pas le seul dans ce milieu à croire en Dieu. Il y a des catholiques pratiquants, des musulmans, comme mon ami Paul Pogba, converti à l'islam depuis quelques années. Nous nous chambrons gentiment sur le sujet, mais nous nous respectons l'un et l'autre.

Je découvre la religion vers l'âge de quatre ans, en accompagnant ma mère au culte le dimanche matin. Il règne une ambiance très solennelle, en même temps très joyeuse. Les louanges se déroulent en musique. Je regarde les fidèles chanter et danser, les yeux clos. L'air est imbibé de tant d'émotion qu'un fidèle est pris d'un malaise parfois, pendant quelques secondes, puis revient à lui. Il n'y a pas de curé, mais un pasteur. Pas d'église, mais une grande salle. Pas de bougies, pas d'orgue, aucune statue de saints ni de la Vierge Marie, seulement une grande croix.

Je n'assiste pas à une messe catholique, mais à un culte évangélique, une branche du protestantisme. À l'origine, ma famille est catholique. Mes grands-parents maternels – surtout mon grand-père – se rendent régulièrement à l'église et respectent les fêtes importantes. Ma mère grandit dans cette religion, mais, vers l'âge de dix-huit ans, elle ressent un grand vide intérieur qui la pousse à se poser des questions existentielles. Un jour, le hasard – je parlerais plus volontiers de destin – met sur son chemin un jeune couple qui vient de s'installer en face de chez ses parents. Sur leur boîte aux lettres est collée une affiche arborant un doigt pointé en l'air et l'inscription : « Un seul chemin, Jésus. » Ma mère pense d'abord qu'il s'agit d'une secte.

Quelques jours plus tard, elle est invitée à prendre un café chez ces voisins et, curieuse d'en savoir davantage, elle leur pose des questions sur cette maxime qui l'intrigue tant. Ils lui expliquent qu'ils sont chrétiens évangéliques. « Tu te reconnais comme pécheur. Seule la Bible est à la base de notre religion. Un seul chemin, Jésus. »

Ces quelques mots lui suffisent pour être convaincue de prendre cette voie. Elle abandonne la religion catholique pour entrer chez les évangélistes, remettant sa vie entre les mains de Dieu. Une évidence pour elle, comme pour toutes les personnes qui recherchent Dieu. Une nouvelle naissance. Elle a enfin trouvé la réponse à la plupart des questions qu'elle se posait.

Pour la foi évangélique, on ne naît pas chrétien, on le devient par choix personnel et engagement individuel.

On parle de conversion individuelle et délibérée à Jésus-Christ ou de nouvelle naissance, en référence au baptême d'adulte. Par opposition au baptême des enfants – dans la religion catholique –, le baptême des croyants n'est administré qu'à des personnes en âge d'exprimer publiquement leur foi. Cette foi repose sur une transformation intérieure vécue par le fidèle, qui place sa confiance en Dieu et choisit d'appliquer dans sa vie l'enseignement du Christ.

Contrairement aux catholiques, dont l'homme d'Église est un intermédiaire avec le divin, nous, évangéliques, avons une relation directe avec Jésus. Nous avons à cœur de partager l'Évangile et sommes régulièrement accusés de faire du prosélytisme. C'est faux ! Nous avons pour mission de répandre l'universalité du message de l'Évangile, de le transmettre, mais dans le respect de la liberté de chacun. C'est ce qu'on appelle l'évangélisation.

Mon exposition médiatique me permet d'être écouté par un grand nombre de personnes, j'utilise ma notoriété pour parler de Jésus et le faire connaître, je prêche la bonne parole, mais sans jamais rien imposer ni faire de propagande. Chacun est libre de croire ou de ne pas croire.

Je mets également ma foi au service de causes qui me tiennent à cœur. Les chrétiens persécutés dans le monde en sont une.

Dès notre plus jeune âge, mes frères, ma sœur et moi baignons dans cette croyance. Mon père aussi, mais il exprime sa foi sous une forme moins extravertie que ma mère. Bertrand et Romain ont été baptisés catholiques à leur naissance. Ma mère a quitté cette église depuis un certain temps, mais elle ne souhaite pas bouleverser l'équilibre familial en refusant le baptême traditionnel. Il est encore trop tôt.

Bérengère, en revanche, reçoit d'emblée une éducation chrétienne évangélique. Et puis un jour, alors qu'elle se rend au culte avec ma mère, elle assiste au baptême de deux adultes. Le prédicateur qui officie propose aux membres de l'assemblée de se convertir s'ils en ressentent l'envie ou le besoin. Ma sœur se lève spontanément, sans demander l'avis de ma mère, et se dirige vers l'estrade. Quelques mois plus tard, elle est baptisée dans une petite église. Elle a vingt-cinq ans.

Quant à moi, aussi curieux que cela puisse paraître, je suis baptisé catholique à l'âge de dix-neuf ans. Bien qu'évangéliste convaincu, je me soumets à ce baptême pour avoir le droit de devenir le parrain de Louis, le fils de mon frère Romain, et me marier à l'église avec Jennifer un peu plus tard. Je suis des cours avec un prêtre, j'assiste à des réunions où l'on parle de religion et où l'on étudie des textes bibliques, je vais au catéchisme. Je suis ce qu'on appelle un catéchumène. Cette période m'enrichit beaucoup personnellement. J'acquiers de solides connaissances sur la vie du Christ.

Vient le jour du baptême. Je porte une tunique blanche. Au cours de la cérémonie, le prêtre fait un signe de croix sur mon front. En mon for intérieur, je sais que je suis à ma place, même si je n'appartiens pas à cette église. Je ressens le besoin de me présenter devant le Seigneur et de lui dire : « Je me fais baptiser devant toi. Je te donne ma vie. »

Un long chemin

Ma croyance en Jésus s'est construite au fil des années. J'insiste sur le mot *construite*, qui sous-entend qu'elle est aujourd'hui solide, mais aussi que je l'ai intégrée petit à petit.

Très jeune, je lis des livres pour enfants sur le sujet. J'apprends des chants et des prières. Je vais au catéchisme et j'étudie des versets de la Bible, fasciné par les nombreux personnages qui vivaient à cette époque. La religion consolide le socle des valeurs que ma mère nous a transmises : le respect, l'humilité, la bienveillance, le partage et l'amour.

Un peu plus tard, mes parents m'envoient en vacances dans des camps chrétiens. Ce sont des colonies encadrées par des pasteurs et des animateurs. J'aime partir, car je retrouve mes copains, nous faisons du sport et des activités ludiques. Dans la journée, nous nous arrêtons une heure pour nous recueillir, un temps de prière durant lequel nous lisons la Bible et nous chantons, parfois autour d'un feu de camp.

À cet âge-là, nous sommes en prise avec des préoccupations nettement moins spirituelles, mais je me sens quand même concerné par le sujet. Je vais à la rencontre de Jésus.

Ma mère m'accompagne sur ce chemin. Elle m'explique que Dieu a sacrifié Son fils unique pour nous sauver de nos péchés. Dans la tête du petit garçon que je suis, ce n'est pas évident à interpréter, à comprendre. En revanche, j'ai une certitude, c'est que Jésus existe, que Dieu existe, et chaque fois que je prie je m'adresse à Quelqu'un qui m'écoute.

Ma foi n'est pas née du jour au lendemain. Petit, je ne fais que suivre ma mère sans véritablement comprendre. Vers sept ou huit ans, je commence à m'intéresser d'un peu plus près à cette religion. Les cultes m'impressionnent, surtout lorsque je vois à quel point le pasteur est habité lorsqu'il prêche. Je me dis : « Waou ! Ça doit être fort d'être chrétien et de ressentir ce genre de choses ! » J'ai envie d'y croire… Et j'y crois…

À vingt ans, je me fais tatouer un psaume sur le bras. Je vis encore à Istres. Les gens du Sud sont « fanatiques » de tatouages. Au départ, pour ressembler aux footballeurs, j'ai opté pour un tribal sur le mollet. Pour mon deuxième tatouage, à l'inverse du premier, j'ai une idée bien précise de ce que je veux. Une phrase qui ait du sens. Une phrase qui fasse écho à mes valeurs et qui me caractérise en tant qu'homme. Comme une évidence, je découvre le Psaume XXIII, aujourd'hui inscrit sur mon avant-bras : « L'Éternel est mon berger. Je ne manque de rien. » Ces quelques mots témoignent du fait que Dieu nous aide à avancer dans les bons jours comme dans les mauvais. Il est comme un rocher, solide, sur lequel nous pouvons nous appuyer. Il veille sur nous comme un berger sur ses brebis.

Le psaume se poursuit par : « Il me fait reposer dans de verts pâturages, Il me dirige près des eaux paisibles, Il restaure mon âme, il me conduit dans les sentiers de la justice, à cause de Son nom. »

J'ai poursuivi mon chemin spirituel par l'étude de textes bibliques et par la prière. Je ne me rends pas souvent au culte, par manque de temps et en raison de ma notoriété, ici, en Angleterre. Mais je pense que Dieu est en chacun de nous, alors je prie souvent. Chaque soir, avant de me coucher, je fais une petite prière dans ma tête. Je remercie Dieu pour Sa grâce, je Lui demande de protéger mes proches. Prier, c'est aussi se repentir, implorer le pardon.

Je vis avec Lui au quotidien. Je m'adresse à Lui dans les périodes où j'ai besoin d'être aidé, guidé. Il m'arrive souvent de prier sur le terrain, juste en prononçant Son nom, lorsque je me retrouve en difficulté. J'imagine déjà le petit sourire moqueur de certains, qui pensent que je m'en remets à Dieu pour marquer des buts. Ou, pire, qu'Il m'actionne. Non ! Je suis acteur de tous mes faits et gestes. Lorsque je cours sur le terrain, lorsque j'envoie le ballon dans les filets, c'est bien moi et non Lui. Si j'attendais de Dieu qu'Il m'aide à marquer, je n'en serais certainement pas là. Mais le foot ne se limite pas seulement au talent et aux jambes, le mental occupe une place prépondérante, et le fait de croire à une force spirituelle m'aide à persévérer, à ne jamais rien lâcher et à me battre jusqu'au bout.

Lorsque je marque, je pointe mes doigts vers le Ciel. Je Le remercie.

Ma bonne étoile

Il serait prétentieux de ma part de dire que je suis « élu ». Pourtant, lorsque je regarde mon parcours, je ne peux que me rendre à l'évidence : sans être né avec un talent exceptionnel, j'ai joué dans de grands clubs, j'ai gagné des coupes, je suis champion du monde. Je n'étais pas destiné à une telle carrière. Je m'attribue tous ces succès, mais l'amour du Christ et le fait de croire m'ont permis de faire les bons choix, de prendre les bonnes décisions et, surtout, de toujours y croire.

J'ai la certitude d'avoir une bonne étoile au-dessus de la tête. Je suis reconnaissant et chanceux d'avoir été épargné jusqu'à maintenant des grands malheurs qui peuvent survenir dans une vie.

J'ai l'intime conviction que Jésus a un plan pour chacun d'entre nous. « Les humains tracent leur chemin, mais c'est le Seigneur qui assure la marche » (Proverbe 16, verset 9). Cela ne signifie pas que nous ne sommes pas maîtres de notre destin, mais les rencontres et les choix que nous faisons dans nos existences ne sont pas le fruit du hasard.

Selon moi, tout a un sens.

Mes propos peuvent ressembler à de la superstition. Ce n'est pas le cas. J'avoue cependant avoir un toc, qui ne me lâche pas. Dès que j'ai la possibilité de placer le 7 quelque part, je le place. Dans l'Écriture sainte, il est écrit que le chiffre 7 est le chiffre parfait. Les 7 jours de la création ; 7 animaux purs de chaque espèce dans l'arche de Noé ; le juste tombe 7 fois et se relève, pardonné ; les 7 patriarches d'Israël, etc. Je programme mon réveil, par exemple, à 7 h 07 ou 7 h 37… C'est une façon d'inclure Dieu dans mon quotidien.

Tout au long de ma quête spirituelle, j'ai eu la chance de rencontrer des personnes qui m'ont aidé à avancer. Le pasteur Joël Thibault, un aumônier dont le rôle est d'accompagner les sportifs dans leur foi. Certains sont rattachés à des clubs de foot, d'autres viennent ponctuellement lors de grandes compétitions pour soutenir ceux qui en ont besoin.

Un jour, Couly, un ami de ma mère, me parle d'un pasteur qui travaille avec des clubs anglais. Lorsqu'il a appris que j'étais croyant, il a souhaité faire ma connaissance. Nous nous rencontrons à Clairefontaine, en mars 2017, plus d'un an avant la Coupe du monde. Je loge au château avec l'Équipe de France, lui accompagne une équipe de foot chrétienne qui a eu la chance d'être accueillie au centre. Nous parlons longuement, puis nous décidons de rester en contact.

Il m'envoie des textes de temps en temps, mais ma soif d'apprendre est si grande qu'il me met en relation avec ce que j'appellerais un coach spirituel, le pasteur Jean-Luc Sergent. Ce dernier officie au sein de l'église Saint-Barnabas à Londres et organise, chaque semaine, un culte en français pour les expatriés.

Nous nous voyons régulièrement depuis quelques années. Nous lisons ensemble des passages de la Bible, nous parlons des Évangiles. Il répond à mes interrogations, m'éclaire sur la parole de Dieu. J'ai même souhaité qu'il me « fabrique » un arbre généalogique sur Jésus, pour me repérer plus facilement.

Rien n'est jamais assez pour assouvir mon envie de connaître la vie du Christ et de ceux qui l'entouraient. Plus j'étudie, plus je suis admiratif de son parcours et de l'amour qu'il portait à son prochain. J'en tire les enseignements pour devenir quelqu'un de meilleur. J'apprends le pardon, car Jésus est un exemple de compassion.

J'apprends l'humilité en m'efforçant de reconnaître mes erreurs. Je suis humain, simple pêcheur qui peut, à tout moment, s'égarer. L'essentiel est de se repentir avec la plus grande sincérité possible et ne pas recommencer.

Je m'inspire de la personnalité de Jésus pour essayer de bien me comporter dans la vie. Il est pour moi une référence, un exemple. Il m'apporte une grande force intérieure. Grâce à Lui, je ne me sens jamais seul.

J'essaye, dans ce domaine aussi, de transmettre toutes ces valeurs à mes enfants. Ils sont encore trop petits pour comprendre, mais je leur offre des livres pour qu'ils commencent à découvrir Jésus.

De temps en temps, ma mère aborde le sujet avec ma fille Jade. Un jour, elle lui a dit : « Tu sais, tout ce que tu vois autour de toi a été créé par Dieu, comme par exemple un coucher de soleil. » Depuis, dès qu'elle aperçoit le soleil se coucher, elle dit : « Regarde papa, il y a Jésus dans le ciel ! C'est beau ! »

Je n'obligerai jamais mes enfants à croire, j'essaye simplement de les mettre sur les rails, puis ils feront leur propre expérience et décideront par eux-mêmes.

Moi, je poursuis mon chemin, avec des hauts et des bas. Je ne trouve pas toujours les réponses aux questions que je me pose – pourquoi tant de misères, d'horreurs et de catastrophes dans le monde. Je me révolte à d'autres moments, comme ce jour où le meilleur ami de mes frères est mort à l'âge de vingt ans, j'en ai parlé. Mais à aucun moment je ne remets en doute l'existence de Dieu.

La religion

Je suis chrétien, croyant. J'ai remis ma vie entre les mains de Dieu, et si, un jour, j'en ai la possibilité, j'aimerais me faire baptiser là où Jésus s'est fait baptiser. Dans les eaux du Jourdain.

4

Petit dernier

Boucles miel

Si j'en crois mes frères et ma sœur, j'aurais bénéficié d'un régime de faveur, grâce à mon statut de petit dernier. Mes parents se seraient montrés plus cool avec moi. Pour cette raison sans doute, Bérengère m'en fait baver.

J'ai neuf ans, elle en a quatorze et entre dans l'adolescence. Physiquement, on lui donnerait le bon Dieu sans confession. Elle est blonde avec de grands yeux bleus. On l'appelle « Boucles miel », à cause de ses cheveux frisés qu'elle s'acharne à lisser. Mais ce visage angélique cache un fort tempérament. Très spontanée, elle ne mâche pas ses mots lorsque quelque chose lui déplaît.

Veut-elle prendre exemple sur ma mère? Je ne sais pas. Toujours est-il qu'elle ne m'épargne pas. Elle ne supporte pas que je traîne dans ses pattes lorsqu'elle invite ses amies à la maison. Je recherche son affection, elle aspire à la tranquillité. Elle me repousse souvent, jusqu'au jour où l'une de ses amies lui dit : « Tu es dure avec ton frère, laisse-le avec nous. Il ne nous dérange pas. »

À quinze ans, elle rencontre Cédric, qui est aujourd'hui son mari et le père de ses enfants. Elle part faire sa vie de son côté. Cet éloignement n'a pas la moindre incidence sur notre relation, nous restons liés. Ma sœur est très discrète. Elle suit ma carrière de loin et ne s'est jamais immiscée dans ma vie. Mais elle est présente ; de la même façon, je serai toujours là pour elle.

Ficelle, Romain et Chaussette

Et puis, il y a mes frères aînés, Bertrand – que j'appelle « Ficelle » car il est tout en longueur – et Romain.
Malgré les dix ans qui me séparent de Bertrand, je ne lui ai jamais attribué la place de second papa. Mais, enfant, je le crains. Bertrand, c'est le boss, le grand frère. Il est sérieux, ordonné, raisonnable et très charismatique. Il en impose. Je sais qu'avec lui il faut filer droit, sous peine de se prendre un coup de pied aux fesses. À la moindre bêtise, j'y passe.

En matière de bêtise, je ne suis pas le dernier. À l'époque, Bertrand lit *Entrevue*, un magazine d'interviews, mais pas seulement… La couverture est accrocheuse et laisse présager ce que l'on peut découvrir en feuilletant les pages. Des photos de jeunes femmes très dénudées, accompagnées de quelques légendes. J'ai treize-quatorze ans, l'âge des premiers émois, lorsque je tombe sur ce journal qui traîne dans sa chambre. Mon œil est irrésistiblement attiré par ces photos.
En l'absence de Bertrand, j'emporte en douce les journaux interdits, je m'installe dans ma chambre et,

discrètement, j'amorce mon éducation sexuelle. Bertrand s'aperçoit de mon petit manège et me dit : « Je sais ce que tu fais. Soit tu remets les magazines à leur place après les avoir lus, soit tu ne les prends plus. » Je suis soulagé de sa réaction, qui signifie tout simplement qu'à mon âge lui aussi est passé par là.

Avec Romain, les rapports sont différents. Il est mon héros, mon modèle, car il exerce le métier dont je rêve : footballeur. Je suis fier de lui ! Il est la star du village, de la région, même. Les jeunes que je croise ou les gens qui le connaissent me demandent toujours de ses nouvelles, lui souhaitent bonne chance avant un match. Romain a entamé une belle carrière, il est promis à un grand avenir. La vie en décidera autrement. Je reviendrai en détail sur ce sujet.

Je partage sa chambre. Il dort dans un lit, moi sur un matelas, par terre. Dès qu'il s'absente quelques jours pour jouer avec son club, je prends sa place dans le lit, j'essaye ses équipements de foot. Pour ses dix-sept ans, on lui offre une gourmette gravée de son prénom. J'ai huit ans et je pense : « Moi aussi, quand je serai grand, je porterai une gourmette avec le nom de mon grand frère écrit dessus. » Nous sommes fusionnels. Physiquement, nous nous ressemblons, et nos caractères ont des similitudes. Il m'a surnommé « Chaussette », en référence au film *Danse avec les loups*, à cause de mes petits yeux.

À quinze ans, il intègre le centre de formation d'Auxerre. Je grandis loin de lui pendant quelques années, mais il demeure dans mon esprit comme un repère, un fil conducteur. Dès qu'il rentre à la maison, notre lien se renoue immédiatement. Je le suis partout où il va, je fais la sieste avec lui. Je traîne dans ses pattes, comme je traîne dans les pattes de tout le monde, j'écoute les conversations, je m'incruste dans les parties de foot ou autres jeux, en bon petit dernier de la famille.

« Tu passeras le bonjour à Alf... »

Mes frères ont une manière bien à eux de se venger de mon côté un peu envahissant parfois, en évoquant le personnage d'une série télé, Alf. Un extraterrestre gigantesque avec un nez de cochon. Cet animal me glace le sang... Il hante ma jeunesse avec sa voix étrange, ses drôles de mains ! Le jour où mes frères comprennent la peur qu'Alf suscite chez moi, ils l'utilisent pour me terroriser. Ils attendent le moment idéal, au cours du dîner, juste avant l'heure du coucher, pour me chuchoter : « Olive, tu passeras le bonjour à Alf. Il risque de venir te voir cette nuit. Il arrivera par le grenier... » Ils rigolent, et moi, je me tiens immobile sur ma chaise, incapable de prononcer le moindre mot.

Encore aujourd'hui, je ne supporte pas de voir Alf. Cet être bizarre ne m'inspire pas confiance...

En dehors de ces petites cruautés, mes frères sont bienveillants.

Dans la chambre de Romain, il y a un placard, avec à l'intérieur une porte secrète qui mène au grenier. J'adore cet endroit, il regorge d'objets anciens et de jouets qui ont appartenu à Bertrand et Romain. Entre autres des Playmobil, avec lesquels je joue des heures entières. J'invite mes amis, puis mes frères nous rejoignent pour nous aider à assembler les pièces difficiles. J'adore aussi les jeux de société et, bien sûr, les jeux vidéo. Je me défends à Mario Kart et Zelda.

Un peu plus tard, j'ai le droit de partager le rituel du dimanche soir. Romain et Géraldine – son épouse de l'époque – invitent leurs amis proches. Au programme : pizzas et parties endiablées de Monopoly. J'attends ce moment toute la semaine. Les grands se montrent intraitables avec moi dans les négociations. Je les soupçonne même de profiter de mon jeune âge pour m'arnaquer. Je ne me laisse pas faire lorsque je perce leurs manigances. C'est de bonne guerre. Je fais partie de la bande.

5

Adolescence

Passion ballon rond

Une photo. Un enfant tout petit, biberon à la main, balle au pied.

La passion du ballon rond s'empare de moi presque au berceau. À peine plus vieux, le temps de tenir bien d'aplomb sur mes jambes, je vais taper le ballon contre un mur en béton, initialement prévu pour jouer au tennis, à cent mètres de notre maison. Si on ne me rappelle pas à l'ordre, j'oublie de rentrer chez moi.

Je joue en rentrant de l'école, à chaque récréation, dès que je peux. Je m'entraîne à tirer au but, ma force de frappe est déjà… respectable. Involontairement, j'envoie un camarade d'école à l'hôpital.

C'est la récréation, le match de foot s'organise, comme à chaque pause. Les ballons en cuir sont interdits, nous jouons avec un ballon en mousse, pour éviter de nous faire mal, en cas de frappe un peu trop puissante…

La cage du gardien est derrière moi, je tourne le dos au but. Le ballon m'arrive droit dessus, je m'en empare et frappe en pivot, de toutes mes forces, sans regarder. Un garçon qui ne participe pas au match passe en courant, au mauvais endroit, au mauvais moment, et reçoit le ballon sur le bras. Il se fige, tombe, crie. Double fracture !

Le petit appartement à la montagne

J'adore aussi le ski. Je vis dans une région entourée de montagnes et je descends mes premières pistes à cinq ans. Ski alpin, ski de fond, raquettes… J'aime tout ce qu'on peut faire dans la neige. À chaque vacances scolaires, je pars à Val-d'Isère avec mon cousin Matthieu, chez nos grands-parents paternels, papi Henri et mamie Yvonne, qui possèdent là-bas un appartement modeste avec une chambre et deux lits superposés, une petite salle de bains et une petite salle à manger. Sans vivre dans le luxe, nous nous régalons. L'appartement est au pied des œufs et du funiculaire, mes grands-parents n'ont pas besoin de nous accompagner. Les skis sur l'épaule, nous partons seuls le matin, pour revenir épuisés en fin d'après-midi.

Je suis inscrit dans une école de ski et je fais des compétitions. Quelques années plus tard, j'obtiens la flèche d'argent.

En été, je fais là-bas de l'équitation, du tir à l'arc, de l'escalade, du trampoline. Merveilleux souvenirs. Mes grands-parents prennent soin de nous et créent dans ce petit appartement une atmosphère chaleureuse, un cocon douillet dans lequel nous aimons nous réfugier après une bonne journée sur les pistes.

La montagne me manque. J'ai dû la quitter lorsque j'ai commencé à jouer au foot en club. Nos contrats stipulent que la pratique du ski est interdite, considérée comme un sport à risques. Lorsque je vivais en France avec ma femme, je me suis octroyé quelques discrètes escapades à la montagne. Depuis que je joue dans le championnat anglais, mon emploi du temps ne me le permet plus. Je rechausserai les skis une fois ma carrière terminée, cette perspective me console.

Me souvenir de ces moments passés me plonge dans une profonde nostalgie. Mes grands-parents sont partis il y a quelques années. L'idée de ne plus revenir dans ce lieu que j'ai tant aimé m'était trop difficile. Je voulais garder quelque chose de plus concret que mes souvenirs. Quand j'ai appris que ma tante s'apprêtait à vendre l'appartement, j'ai racheté ses parts et celles de mon père. Je suis heureux de pouvoir en faire profiter ma famille, désormais. C'est aussi un peu de mes grands-parents que j'ai gardé…

Vacances en famille

Ces vacances sont précieuses. Je n'ai eu que peu d'occasions de partir pendant mon enfance. Ma mère n'a jamais eu le plaisir de voyager avec ses parents, qui travaillaient énormément ; les loisirs n'étaient pas leur priorité. Elle a sans doute reproduit le schéma familial.

J'ai quand même un très beau souvenir de vacances en famille, sur la Costa Brava, en Espagne. Nous partons de nuit, tous les six, dans l'Audi Break de mon père. Je suis assis sur les genoux de ma sœur et je dors tout le long du trajet. À mon réveil, je découvre le camping dans lequel nous allons vivre pendant quelques jours.

Je suis fou de joie. Les moments passés avec mes frères se font rares, maintenant, ils sont bien plus âgés que moi et commencent à mener leur vie, ils partent chacun de leur côté, préfèrent passer leurs vacances entre amis. Alors, c'est l'occasion d'en profiter.

Après ce dernier séjour tous ensemble, je me retrouve ensuite seul avec mes parents pour les vacances, mais je suis sociable et enjoué, et parviens toujours à me faire des amis, quels que soient les endroits où nous allons. Bonne nature, je ne suis pas un enfant à problème. Ni au quotidien, ni à l'école. Je travaille correctement, à l'exception de quelques appréciations : « Des capacités, mais pense surtout à jouer au foot à la récréation. » Déjà, le virus s'empare de moi…

Très vif et très actif, je ne suis pas pour autant turbulent en classe. Mon éducation ne me l'autorise pas. Je respecte la hiérarchie. Je me souviens quand même m'être fait tirer l'oreille, plus exactement la patte, par un professeur aux pratiques bizarres qui s'employait à agir de la sorte dès que nous faisions la moindre bêtise. Pour le reste, je me contente du minimum syndical avec une moyenne générale de 12 sur 20.

Même à l'adolescence, je suis un garçon plutôt tranquille. Quelques changements d'humeur, tout au plus, notamment lors d'un voyage en voiture avec mes parents. Je suis assis seul sur la banquette arrière et rêvasse. Mon père allume une radio que je n'apprécie pas. Je lui demande de changer de fréquence. Il refuse ; je m'énerve, je ne sais pas pourquoi, et je tape violemment du pied contre la vitre de la voiture qui se brise en mille morceaux. Mon père est furieux et me réprimande, comme il se doit. Leçon retenue. Je n'ai plus jamais fait de caprice.

Ce petit écart excepté, je suis affectueux, joyeux et proche de ma famille. J'ai une bande de copains que je ne vois pas souvent ; mon emploi du temps est surchargé.

Le virus du foot

Je suis une scolarité normale jusqu'en troisième dans un collège près de chez moi, tout en m'entraînant trois fois par semaine, le soir, après les cours. À partir de la seconde, je m'oriente vers le sport-études avec des horaires aménagés, dans un lycée à Saint-Martin-d'Hères, près de Grenoble. J'ai cours de 8 heures à 15 h 30, puis un quart d'heure de marche pour arriver à l'entraînement, qui débute à 16 heures et se termine à 18 h 30. Mon père me récupère, j'ai juste le temps de rentrer chez moi, faire mes devoirs, dîner et dormir.

Je vis à un rythme effréné, mon quotidien ne ressemble pas à celui des adolescents de mon âge. Aucune sortie en semaine. Les week-ends sont consacrés à la compétition. Je pars souvent en déplacement le dimanche, parfois loin de chez moi. Nous voyageons en bus.

C'est épuisant. Je me souviens être parti un matin à 5 heures pour aller jouer à Cannes, le jour même du match, et être rentré à Grenoble juste après. Le lendemain, je retourne au lycée. C'est le prix à payer pour réussir, et je suis prêt à le payer. Une vie d'ascèse pour une issue incertaine.

Peu m'importent ces sacrifices. Une année, j'accepte malgré tout de faire une entorse à ma discipline pour fêter mon anniversaire, alors que je dispute un match le lendemain. Mes copains sont venus me chercher pour dîner au restaurant, puis aller en boîte. Je me couche très tard. Le lendemain, épuisé, je marque un triplé. Comme si la fatigue ne m'atteignait pas, tant je suis motivé ! L'idée d'arrêter ce que j'ai entrepris pour mener une vie plus facile ne m'a jamais traversé l'esprit. Je sais qu'il y a beaucoup d'appelés et peu d'élus, mais je poursuis inlassablement mon objectif. Mon rêve.

J'ai mon bac. Filière ES. Le jour des résultats, mon frère me félicite : « Ce que tu as fait durant ces trois années de lycée, peu de jeunes en auraient été capables. Tu mérites une médaille d'or. »

J'ai une vie de moine, certes, mais je ne suis pas un moine. Je commence à m'intéresser de très près à la gent féminine. Dans ce domaine, j'ai de l'avance, mon premier coup de cœur remonte au primaire. Je dois avoir huit ans. Elle s'appelle Aurore. Elle a les cheveux châtains et les yeux bleus. Je la trouve ravissante et je me promets de l'épouser quand je serai grand. Quatre ans plus tard, une autre prend sa place… Et ainsi de suite.

J'ai du succès avec les filles. Je suis grand, blond aux yeux bleus, et très gentil. C'est ma force. Il paraît que je suis aimable et attachant. Je rajouterais charmeur et séducteur… En raison de mes origines italiennes, probablement. J'enchaîne les conquêtes, mais aucune ne retient mon attention. Jusqu'au jour où je rencontre celle qui va devenir ma femme.

Jennifer.

J'ai dix-huit ans.

6

La femme de ma vie

Le chat et la souris

Jennifer a un an de plus. Elle habite à Saint-Martin-d'Hères et fréquente comme moi le lycée Pablo-Neruda. Je vis toujours à Froges, à une vingtaine de kilomètres. Je n'aurais jamais dû être parachuté si loin, mais cet établissement était le seul à proposer une section sport-études. Nous sommes en première, filière ES pour moi, L pour Jennifer. Je fais sa connaissance grâce à des amis communs. Nous nous croisons à la pause. Je la trouve jolie et différente, son petit air mystérieux et distant me fait craquer. Je pense que je lui plais aussi, mais elle est secrète, ses regards et ses sourires sont difficiles à déchiffrer. Elle est timide et toujours entourée d'une horde de copines. Pas facile de l'approcher. Elle joue au foot dans le même club que moi, le Grenoble Foot 38, et contrairement aux autres filles, elle n'est absolument pas admirative du footballeur en herbe que je suis. Cet atout ne m'est d'aucune aide pour la séduire, ce qui ne me facilite pas la tâche. Malgré tout, nous nous rapprochons. Nous devenons amis.

Fille unique jusqu'à huit ans et la naissance de sa petite sœur, Jennifer grandit au sein d'une famille unie. Malgré leurs emplois respectifs, ses parents sont très présents à ses côtés. Ils la comblent d'amour et d'attentions, l'emmènent en voyage, ne lui refusent rien. Malgré cette vie privilégiée et heureuse, elle harcèle ses parents pour qu'ils lui donnent un petit frère ou une petite sœur. À l'arrivée d'Amandine, le bonheur est total.

Jennifer accorde une place importante au travail. Sérieuse et assidue, elle est souvent première de la classe et ramène des mentions. Elle est mature pour son âge, avec une tête bien faite. Elle se donne les moyens de réussir, tout comme ses parents avant elle.

Ils se sont rencontrés à dix-huit ans. Son père habitait à Dreux, sa mère à Rives, un petit village à trente kilomètres de Saint-Martin-d'Hères. Par amour pour sa femme et pour les sports qu'offrait la région, il est parti vivre à Grenoble. Il était pompier professionnel et a terminé sergent-chef en fin de carrière. Son épouse travaillait au CHU de Grenoble comme secrétaire médicale. La famille vivait dans un logement proche de la caserne. Les pompiers, c'était le quotidien de Jennifer. Elle a même figuré en première page d'un calendrier de pompiers aux côtés de son père.

Mes beaux-parents sont des gens humbles et discrets. Ils n'ont jamais changé malgré ma notoriété. Ils fuient les médias et les curieux. Ils nous protègent. Ils ont toujours encouragé leur fille à faire des études pour qu'elle ait toutes les chances de réussir dans la vie. Forte de cette éducation, elle souhaite être financièrement indépendante. Ironie du sort et de la vie, elle est « tombée » sur moi… Mais l'argent n'est pas arrivé tout de suite.

Lorsque nous nous rencontrons, je ne suis ni riche ni célèbre, bien au contraire. Elle vient de passer son permis et conduit la petite Polo de sa mère. Elle me trimballe : à l'époque, je n'ai que mes pieds et le bus pour me déplacer.

En fin d'année de première, Jennifer quitte le lycée. Elle change d'orientation pour commencer des études de STT[1] Commerce. On se perd de vue, je continue ma vie.

Je recroise Jennifer un an plus tard, dans une boîte de nuit près de Grenoble, le Phoenix Club. Chaque année, une fête est organisée pour les nouveaux bacheliers. Elle a décroché son bac, moi aussi. Je suis heureux de la retrouver. Nous échangeons nos numéros de téléphone, puis chacun rentre chez soi. Sur le chemin du retour, je me surprends à penser à elle. J'ai envie de la revoir. Le lendemain matin, à peine réveillé, je compose son numéro et lui laisse un message. C'est le mois de juillet. L'été. Le début des vacances.

Elle accepte de me revoir. Nous ne nous quittons plus… mais toujours en amis… Pas l'ombre d'un baiser. Jennifer n'est pas du genre à se lancer dans une aventure qu'elle peut imaginer sans lendemain. Et elle imagine bien : je n'ai que dix-huit ans et m'embarquer dans une relation sérieuse me fait peur. Je sais qu'avec elle il n'est pas question de vivre une simple aventure, comme avec toutes les autres. Je dois m'engager et je ne me sens pas tout à fait prêt. Jennifer le sent et garde ses distances, malgré notre complicité.

---

1. Sciences et technologies tertiaires.

Cupidon a pourtant lancé sa flèche. Elle m'attire, je l'attire, mais ni elle ni moi ne faisons le premier pas. Nous aimons ce petit jeu de séduction… Nous laissons grandir les sentiments et le désir… Plus tard, elle m'a avoué m'avoir aimé dès le début. Elle a senti immédiatement que j'étais « le bon », mais sa peur d'être déçue était si forte qu'elle a préféré être patiente et observer…

Cette attente ne lui coûte pas. Jennifer est une femme solitaire et indépendante. Entre ses études, ses amis, sa famille et ses activités sportives, elle est comblée. Comme elle se plaît à le dire à l'époque, « elle n'a pas besoin d'un mec ». Sa vie lui convient parfaitement.

N'empêche, nous passons notre temps ensemble. À la piscine, au cinéma. Nous allons nous baigner au lac, nous errons dans les rues de Grenoble. Nous nous comportons comme un couple, sauf que nous n'en sommes pas un. Nos amis nous observent d'un œil amusé, ils attendent le moment où l'un de nous deux va craquer. Nous prenons notre temps… Nous nous séparons quelques jours pour partir en vacances chacun de notre côté, puis, à la rentrée, Jennifer commence un BTS de commerce international. Moi, j'entre à la fac.

Au mois de septembre, j'organise une fête chez mes parents pour mon anniversaire. Jennifer est la seule fille invitée. En fin de soirée, lorsqu'elle rentre chez elle, j'interroge ma sœur Bérengère. Je veux savoir si elle l'apprécie, si elle pense que je serais heureux avec elle. Je pressens que cette histoire sera sérieuse ; j'ai besoin d'être rassuré.

Inséparables

Ce petit jeu du chat et de la souris dure encore quelques mois, jusqu'au 30 décembre 2004. Je pars rejoindre mon cousin à Cavaillon pour quelques jours de vacances. Jennifer propose de m'accompagner à la gare, où je dois prendre un bus. Au moment de la quitter, je m'approche d'elle et je l'embrasse. L'émotion que nous ressentons est forte : je sais, elle sait que ce premier baiser est le début d'une longue histoire.

À mon retour, tout va très vite. Nous vivons chez nos parents respectifs, mais nous sommes inséparables. Au grand bonheur de Jennifer, son père accepte sans l'ombre d'une hésitation que je dorme chez eux. Sa mère aussi, contrairement à la mienne. Beaucoup plus méfiante, elle tient à s'assurer que ma relation avec Jen est sérieuse. En attendant, je vais dormir très souvent chez elle. Je fais rapidement partie intégrante de sa famille, et réciproquement. Il ne se passe plus un jour sans que je la voie ou que je lui parle.

Elle me manque dès que nous sommes séparés. Les autres filles ne m'intéressent plus. Je me consacre à elle et à notre histoire. Elle a réussi à m'embarquer.

À l'époque, je joue à Grenoble. Un an plus tard, je pars à Istres. Jennifer a terminé son BTS de commerce international et décide de passer un diplôme d'études universitaires scientifiques et techniques en cosmétologie et dermopharmacie, à la fac de médecine et de pharmacie du CHU de Grenoble. L'idée de mettre sa vie entre parenthèses et me suivre ne lui effleure l'esprit à aucun moment. Malgré l'amour qu'elle me porte, elle tient à terminer ses études avant de se lancer dans notre histoire. Elle est prudente et ne veut pas tout quitter pour moi.

En 2007, je m'installe dans un petit appartement à Miramas, dans le sud de la France, et j'intègre le FC Istres. Pour la première fois, je vis seul. À l'inverse de la majorité des footballeurs professionnels qui quittent leur famille vers quatorze ans pour partir dans un centre de formation, j'ai eu la chance de jouer à Grenoble et de rentrer tous les soirs chez moi. J'ai échappé au déchirement de me séparer de mes parents trop tôt. Il faut bien que je finisse par quitter le cocon familial pour voler de mes propres ailes.

Jennifer me rejoint chaque week-end. Après l'obtention de son diplôme de cosmétologie et dermopharmacie, elle a enchaîné avec des études d'esthéticienne. Dans ce cadre-là, elle doit faire des stages. Elle se débrouille pour dégoter des instituts de beauté à Istres, qui l'embauchent chaque vacances scolaires. Nous ne vivons pas ensemble officiellement, mais elle s'installe progressivement chez moi. À chaque passage, elle laisse quelques vêtements et ses produits de beauté.

La vie à deux

En 2008, je suis transféré au club de Tours, en Ligue 2. Fraîchement diplômée, Jennifer accepte de me suivre. Nous nous installons dans un charmant F3 avec deux chambres et une petite cuisine ouverte donnant sur un salon. Cet appartement est cosy. Un nid, dans lequel nous goûtons pour la première fois à la vie à deux, loin de notre famille. Quelques jours à peine après notre arrivée, Jennifer commence à faire la tournée des instituts. Je gagne correctement ma vie, mais sa devise reste la même : ne pas être dépendante financièrement. Au bout de deux semaines, elle est engagée.

Les épouses de footballeurs souffrent de cette image de femmes vénales qui passent leurs journées à dépenser l'argent de leur mari. Même si la plupart d'entre elles doivent mettre un terme à leurs ambitions professionnelles, elles existent par elles-mêmes. Souvent, elles sont le pivot, le socle de la famille. Je ne pourrais jamais reprocher à Jennifer de m'avoir épousé pour mon argent. Lorsque mes finances sont devenues assez confortables pour vivre sur mon seul salaire, elle a tenu à continuer à travailler. Elle n'envisageait pas son quotidien à m'attendre sans rien faire.

Ces deux années à Tours sont de merveilleux souvenirs. Notre vie est gaie et légère. Nous travaillons chacun de notre côté la journée et, le soir, nous nous retrouvons en tête à tête ou avec les copains. Notre cercle d'amis grandit au fil du temps. Jen s'est liée d'amitié avec quelques femmes de joueurs, Marion, Élodie et Claire, le trio de copines. Sans oublier nos voisins, Jérôme et Julie, qui sont devenus des amis. Nos épouses viennent nous voir jouer régulièrement, puis nous terminons la soirée ensemble. Nous sommes heureux et follement amoureux.

Dès que j'ai une journée de repos, nous partons en voiture nous balader et visiter la région et les châteaux de la Loire. Moi qui n'ai quasiment jamais voyagé et vu très peu de choses, je découvre les richesses de la France grâce à Jennifer. À l'inverse de moi, elle a beaucoup bougé avec sa sœur et ses parents. Avec elle, j'arpente le monde. Je n'imaginais pas le parcourir plus tard grâce à mon métier…

En 2010, l'aventure tourangelle se termine avec quelques larmes pour Jennifer, déjà nostalgique de ces deux années. J'ai été contacté puis recruté par Montpellier. Mon objectif de jouer en Ligue 1 se concrétise. Ma carrière décolle.

Coup de foudre à Notting Hill

Au mois de décembre, entre Noël et le jour de l'an, nous partons quelques jours à Londres. Quelques jours en amoureux. Je ne connais cette ville qu'à travers un film que j'ai beaucoup aimé : *Coup de foudre à Notting Hill*[1].

Ce voyage est loin d'être anodin pour moi. J'ai une idée en tête pour qu'il soit inoubliable. J'invite Jennifer dans un restaurant que j'ai pris soin de choisir en plein cœur du quartier de Notting Hill. Nous dînons, puis je lui propose une balade. Il fait très froid, elle grelotte et me supplie de rentrer à l'hôtel. J'insiste pour continuer la promenade. Elle ne comprend pas. J'ai un but bien précis. Nous marchons longtemps. Enfin, nous arrivons devant une petite maison à la porte bleue. Cette fameuse maison qui a abrité les amours de Julia Roberts et Hugh Grant. Malgré l'heure tardive et le froid, de nombreux touristes sont regroupés et mitraillent de photos cet

1. Un film britannique réalisé par Roger Michell et sorti en 1999, avec, dans les rôles principaux, Julia Roberts et Hugh Grant.

endroit mythique. Nous nous faufilons pour nous rapprocher de la porte. Là, je demande Jennifer en mariage. Il lui faut quelques secondes pour reprendre ses esprits.

Elle me regarde, émue.

Puis me répond un grand oui.

Nous vivons toujours à Montpellier. Jennifer travaille pour une grande marque. Lorsque son emploi du temps le lui permet, elle se rend à Grenoble pour l'organisation des festivités, prévues six mois plus tard. Je l'accompagne dès que je peux pour rencontrer le prêtre qui nous prépare au mariage. Nous tenons tous les deux à nous marier religieusement.

Le 4 juin 2011 à 14 heures, nous nous marions sous un ciel d'azur à la mairie de Saint-Martin-d'Hères. J'attends ma future femme avec un bouquet de fleurs. Lorsqu'elle sort de la voiture, l'émotion la submerge. Les larmes coulent sur ses joues. Moi aussi, je suis ému. Après la cérémonie civile, nous nous rendons à l'église. Fidèle aux traditions, Jen entre au bras de son père, moi au bras de ma mère. La célébration religieuse terminée, les discours s'enchaînent ; celui de Bérengère, d'Amandine – la sœur de ma femme –, de Denise ma belle-sœur, et enfin celui de ma mère.

Un peu plus tard dans la soirée, nous rejoignons le golf de Bresson (Golf international de Grenoble Bresson) pour la réception. Un très bel endroit situé sur les hauteurs de Grenoble, au cœur des montagnes. Au fil des heures, le ciel s'assombrit, puis un orage éclate, qui nous oblige à nous réfugier à l'intérieur du restaurant. Mais rien ne peut gâcher ce moment. Nous chantons et dansons jusqu'à 6 heures du matin. Nos mères ont préparé en secret un film retraçant nos vies, de notre naissance à notre rencontre. Les images défilent sur notre musique favorite, celle de Coldplay. Elles ont pensé à tout, dans les moindres détails.

Au petit matin, nous nous échappons pour une nuit de noces de quelques heures au château de la Commanderie, à dix minutes de Grenoble. Vers 13 heures, nous rejoignons nos familles autour d'un brunch au Chavant, un restaurant étoilé. Quelques jours plus tard, nous nous envolons vers les Maldives pour un voyage de noces d'une semaine au soleil.

Les obligations professionnelles reprennent rapidement le dessus. Nous retournons à Montpellier pour une saison d'un an, au terme de laquelle nous devons prendre une décision importante : quitter la France. Le club d'Arsenal, en Angleterre, me sollicite. Il ne fait pas l'ombre d'un doute que nous allons accepter cette proposition. Jennifer et moi dressons un bilan des sept années passées, durant lesquelles nous avons voyagé, profité de la vie sans aucune contrainte. Il est temps pour moi de passer à la vitesse supérieure, professionnellement. L'heure est aussi venue de penser à fonder une famille. Jennifer sait que ce changement de vie va nécessiter de sa part de nombreuses concessions, des sacrifices. Elle est prête à tenter l'aventure. J'accepte la proposition du club anglais.

Lorsque Jennifer prévient sa cheffe qu'elle quitte son emploi, elle refuse de lui donner la véritable raison de sa démission. Durant toutes ces années, elle a dissimulé son identité. Jamais elle n'a révélé qu'elle était ma compagne, puis ma femme. Seules ses amies proches partagent ce secret. Elle désire exister par elle-même. Elle pousse la discrétion jusqu'à me demander de l'attendre à quelques rues de son lieu de travail lorsque nous déjeunons ensemble. Je ne lui en tiens pas rigueur, bien au contraire, je respecte et j'apprécie ce trait de caractère. Jennifer m'a aimé et m'aime réellement pour ce que je suis, c'est une certitude. Elle n'imaginait pas où notre destin nous mènerait, et je ne pense pas me tromper en affirmant qu'elle aurait souhaité une autre vie. Elle voulait une existence paisible, dans une jolie maison aux côtés de nos familles, près de Grenoble. Elle aspirait à la simplicité et à l'anonymat... Pourtant, elle m'a suivi, elle m'a accompagné dans les bons comme dans les mauvais moments, sans jamais me lâcher.

En juillet 2012, nous nous envolons vers Arsenal.

Direction Arsenal

À peine arrivés dans notre nouvelle ville, nous sommes pris en charge par Paul Irwin, un *family manager* mis à notre disposition par le club. Il s'occupe de la recherche d'appartement, planifie nos rendez-vous, nous épaule pour les problèmes administratifs, l'intendance du quotidien, nous aide à dénicher un médecin de famille disponible vingt-quatre heures sur vingt-quatre, etc. Cet homme nous rend la vie facile, et la légère appréhension de débarquer dans un pays dont nous ignorons tout s'estompe rapidement. Nous avons la chance d'être également aidés par Dominico, chargé de l'installation technique de notre intérieur ; télévision, réseau wifi, etc. Très rapidement, nous nous lions d'amitié avec cet homme qui fait aujourd'hui partie de notre cercle rapproché.

Tout juste posé sur le sol anglais, je dois me rendre disponible pour mon club et passer les visites médicales. Jennifer, qui a décrit quelques semaines auparavant notre appartement idéal au *family manager*, commence les visites. En une journée, l'affaire est pliée, elle a trouvé le lieu dans lequel nous allons vivre. Un joli duplex de deux étages avec un jardin, situé à Hampstead, un quartier résidentiel cossu au nord de la ville, tout près d'un immense parc. La campagne à Londres.

Notre domicile n'est pas pris en charge par le club. Nous payons l'intégralité du loyer. De la même façon que nous, joueurs français, payons des impôts sur notre salaire (prélevé à la source) en Angleterre, et bien sûr en France si nous y possédons des biens. Cette précision me semble importante, pour tous ceux qui imaginent que nous désertons l'Hexagone pour passer au travers des impôts. C'est faux. Ce qui est vrai, en revanche, c'est qu'à l'étranger nous pouvons gagner le double voire le triple de ce que nous gagnons dans un club français (excepté au PSG).

Malgré un environnement agréable, Jennifer met un certain temps à s'adapter à sa nouvelle vie. Le choix de mettre un terme à sa carrière professionnelle pour me suivre – elle qui avait toujours mis un point d'honneur à travailler et gagner son propre argent – est difficile à apprivoiser. Elle l'assume, mais elle doit s'adapter. Au début, elle s'ennuie, sa famille et ses amis lui manquent. Quant à moi, je passe le plus clair de mon temps à l'extérieur.

Le déménagement terminé, il lui arrive de tourner en rond dans cet appartement où elle n'a pas encore trouvé ses repères. L'inactivité lui pèse, si bien qu'elle prend une décision pour le moins surprenante : alors que nous avons les moyens financiers de nous faire aider, elle refuse de faire appel à une femme de ménage et prend en charge les travaux domestiques. Face à mon étonnement, elle m'éclaire en une phrase : « Ça m'occupe. » Les visites de nos familles durant les deux mois d'été trompent un temps son ennui.

À la rentrée, ma femme commence à trouver ses marques. Le club d'Arsenal met à sa disposition un professeur d'anglais qui vient à la maison trois fois par semaine. Le reste du temps, elle arpente la ville pour se familiariser avec l'environnement.

Si Jennifer souffre de l'inactivité, elle supporte très bien la solitude. Indépendante, elle se suffit à elle-même. Elle dompte son petit côté méfiant et très réservé, et accepte de rencontrer certains de mes coéquipiers français et leurs épouses. Parmi eux, Francis Coquelin, Sébastien Squillaci, Bacary Sagna et Laurent Koscielny avec lequel j'ai joué trois ans auparavant à Tours. À l'époque, Jennifer avait sympathisé avec Claire, sa femme, et c'est tout naturellement qu'elles se retrouvent. L'intégration est facilitée par ces quatre joueurs. Progressivement, notre cercle d'amis s'agrandit. Nous nouons de véritables liens d'amitié avec Robert Pirès – champion du monde 98 – et son épouse Jessica.

Nous prenons goût à notre vie londonienne. Je me plais à Arsenal, Jennifer s'acclimate jour après jour. Il est temps de penser à nous.

Jade, Evan et Aaron

Fin mai 2013, à peine la saison terminée, nous partons à Grenoble rejoindre nos familles. Je suis en vacances et je peux me consacrer à 100 % à Jennifer, enceinte de neuf mois. J'appréhende la venue de notre premier enfant. Je ne supporte pas la vue d'une aiguille ni d'une goutte de sang, je me demande si je vais pouvoir gérer la situation. Quoi qu'il m'en coûte émotionnellement, je tiens à assister à l'accouchement.

Je me souviens de chaque instant… Le 17 juin, vers 8 heures du matin, Jennifer me réveille. L'heure est venue de partir à l'hôpital, le CHU de Grenoble, là où sa mère travaillait et où, vingt-sept ans auparavant, elle est venue au monde. Il fait un temps splendide, le ciel est bleu, le jour se lève à peine. Je prends ma voiture, nous voilà partis. Les médecins prennent immédiatement Jennifer en charge pour une batterie d'examens. Je patiente dans le couloir, anxieux et impatient. Une infirmière vient me chercher pour me faire entrer dans la chambre. Jennifer semble sereine. Elle m'annonce que le bébé n'est pas près d'arriver. Elle se lève et me demande de faire quelques pas à l'extérieur. Nous marchons tous les deux dans le parc de l'hôpital. Je ne veux pas la lâcher. Chaque moment est important pour moi, pour nous.

La journée passe, ce n'est qu'en fin de soirée que le travail commence. Toutes mes peurs s'envolent et je me découvre une âme de coach. Je l'aide, je la soutiens. Je me surprends même à la conseiller. À 1 heure du matin, un cri retentit. Moi, je reste sans voix, submergé par l'émotion. Jade est née. Les mots ne sont pas assez forts pour décrire ce que je ressens ; je n'essaierai même pas.

Les infirmières emmènent notre fille pour les premiers soins. Je reste aux côtés de Jennifer. Un peu hagard, tellement heureux !

Lorsque Jade revient, je m'empresse de la prendre contre moi. J'enlève mon tee-shirt pour faire ce qu'on appelle le « peau à peau » avec ma fille puis je lui donne son premier biberon. La fatigue commence à se faire sentir, mais rien ne peut me décider à quitter l'hôpital. Je ne parviens pas à laisser ma famille. Le personnel, me voyant si déterminé, m'apporte un matelas et je dors à même le sol, tout près de ma femme et de ma fille.

Trois ans plus tard, le 7 mars 2016, c'est Evan qui pointe le bout de son nez. Ce n'est pas aussi idyllique que la première fois : je travaille. Nous sommes en pleine saison de matchs. Les footballeurs n'ont pas droit à un congé paternité, pas même à une journée. Le coach nous autorise à assister à l'accouchement – même s'il y a match ce jour-là –, mais si un entraînement ou un déplacement est prévu le lendemain, nous sommes tenus de répondre présent. C'est ce qui s'est passé pour la naissance de mon fils.

L'accouchement est programmé : le bébé est trop gros, les médecins ont décidé de le déclencher. Ce matin-là, je dois me rendre à l'entraînement, et c'est donc seule que Jennifer prépare sa valise, commande un taxi pour l'hôpital. Je sais que, en partant sans moi de la maison, elle a les larmes aux yeux. Je la rejoins à 13 heures et j'ai la chance, cette fois encore, d'assister à l'accouchement. Evan naît à 22 heures. Lorsque j'appelle mon coach pour lui faire part de la naissance, il me félicite, puis me dit : « Rendez-vous demain matin à 8 heures. »

J'attends que Jennifer remonte dans sa chambre puis, à 2 heures du matin, je pars. Dès mon retour de déplacement, je fonce à l'hôpital pour ramener mon fils et ma femme à la maison.

Pour Aaron, le petit dernier, né le 25 janvier 2018, la chance est avec nous, je suis de repos. J'accompagne ma femme à l'hôpital, j'assiste une troisième fois à l'accouchement et je rentre avec eux.

Le 23 mai, je rejoins l'Équipe de France pour entamer la préparation de la Coupe du monde. Mon fils n'a pas encore quatre mois. Il en a six quand je le revois… Tout ce temps, Jennifer est restée seule avec nos trois enfants.

Femme de footballeur

Je suis conscient des sacrifices de ma femme – et de toutes les femmes de footballeurs –, de leur souffrance parfois, dans des moments symboliques où la présence de leur mari est si importante. Les anniversaires des enfants auxquels je ne peux pas toujours assister, les fêtes de fin d'année que je ne peux pas tout le temps partager avec les miens en raison du *boxing day*…

Depuis 1860, tous les clubs anglais s'affrontent le 26 décembre, jour férié en Angleterre. C'est une tradition. Je dois rejoindre mon équipe la veille pour une mise au vert si je joue à domicile ou si je me déplace. Rares sont les Noëls que j'ai fêtés avec ma femme et mes enfants. Mais ce qui nous affecte par-dessus tout, ce sont les événements douloureux de la vie, comme les décès. J'ai perdu mes trois grands-parents, Jen, sa grand-mère, et je n'ai pu assister à aucun enterrement : je jouais... Jennifer non plus n'a pas pu s'y rendre, puisqu'elle gardait nos enfants.

Le grand public ne s'imagine pas l'abnégation dont les femmes de footballeurs font preuve pour nous permettre de gérer notre carrière dans les meilleures conditions. Vu de l'extérieur, elles vivent une vie de rêve, c'est vrai, mais souvent au prix d'une grande solitude.

L'argent ne fait pas tout...

Jennifer est le socle de notre famille, la colonne vertébrale. Elle s'occupe de tout, de l'intendance à la scolarisation des enfants, ainsi que la partie administrative de mes activités professionnelles. Elle fait en sorte de m'épargner les contraintes et soucis du quotidien pour que je me concentre et me repose avant les compétitions.

Dès que mon emploi du temps me le permet, je me consacre à l'éducation de mes enfants. Il m'est nécessaire de rencontrer leurs maîtres et maîtresses, mais aussi de contrôler les devoirs de notre aînée. Lorsque je suis à la maison, je veux participer à la vie de famille, m'impliquer dans le quotidien. J'aime m'allonger près d'eux et leur raconter des histoires quand vient l'heure du coucher, leur donner le bain, les accompagner aux activités sportives, me balader au parc, leur faire découvrir des spectacles, partager des moments en tête à tête ou tous ensemble. Je veux être un père présent. Un père comme les autres. Je fais en sorte que Jennifer se repose sur moi lorsque je suis là. Mais son naturel reprend le dessus, elle garde un œil bienveillant sur tout et tout le monde. Elle se soucie de mon bien-être et de mon alimentation.

Je me demande si ma carrière aurait été la même si je ne l'avais pas rencontrée. Clairement non. Nous nous sommes construits ensemble. Ma réussite professionnelle, je la lui dois autant qu'à moi. Elle est ma première critique, ma première spectatrice. Ma protectrice et mon garde-fou. Quelles que soient les propositions que je reçois, je les soumets à son avis. Méfiante, elle m'aide à être plus clairvoyant dans certaines situations, notamment financières. Elle m'a quelquefois évité de faire de graves erreurs, j'ai une fâcheuse tendance à accorder ma confiance facilement. Elle me conseille, puis la décision finale m'appartient.

Depuis que je suis footballeur de haut niveau, qui plus est champion du monde, Jennifer est sur le qui-vive. En dehors de nos amis d'enfance, notre famille et notre entourage proche (professionnel et amical), elle reste vigilante dès qu'une nouvelle personne entre dans notre vie. Les sollicitations malhonnêtes ne manquent pas.

C'est le revers de la médaille de la notoriété. Lorsque nos enfants ont été scolarisés à Londres, Jennifer a longtemps refusé de répondre aux demandes des parents d'élèves qui souhaitaient faire sa connaissance. Elle doute de la sincérité de chacun, se demandant si on l'apprécie pour ce qu'elle est ou parce qu'elle s'appelle madame Giroud… Elle est d'autant plus méfiante que, à plusieurs reprises, Jade et Evan sont invités à des anniversaires d'enfants qu'ils ne connaissent pas, qu'ils n'ont même jamais vus. Un jour, notre fille rentre de l'école et dit : « Maman, un garçon de l'école est amoureux de moi parce que je suis la fille de papa!» Jennifer est obligée de la rassurer et de la convaincre que ce petit garçon l'aime parce qu'elle est gentille et jolie et non parce qu'elle s'appelle Giroud.

Comment faire le tri entre ceux qui sont sincères dans leur désir de nous connaître, et les autres, fascinés par ce que l'on représente? Jennifer, fidèle à elle-même, reste en retrait durant une longue période, observe les attitudes et les réactions des parents à son égard, puis s'ouvre progressivement à ceux qu'elle juge sans arrière-pensée et avec lesquels le feeling passe. Quelques mois en mode défensif plus tard, elle compte quelques amies proches parmi les mères des copains de nos enfants.

Depuis la Coupe du monde, les sorties en famille sont difficiles, surtout en France. En Angleterre, nous sommes considérés comme des expatriés. Ma notoriété est beaucoup moins importante que dans notre pays. Je suis certes champion du monde, mais champion du monde français. J'ai le loisir de faire les courses au supermarché ou de me promener dans les rues de Londres en toute tranquillité. Rares sont les fans qui m'interpellent dans un restaurant ou lorsque je me balade avec ma femme et mes enfants. Et s'ils s'approchent de nous, ils le font avec beaucoup de délicatesse.

En France, l'anonymat est beaucoup moins évident. Les sorties en famille sont parfois perturbées par les demandes de supporters qui souhaitent prendre une photo ou me faire signer un autographe. Comment leur refuser? Il n'est pas dans ma nature de jouer à la «star inaccessible», mais, surtout, je me souviens de moi petit, du bonheur que je pouvais ressentir lorsque j'avais la chance d'approcher un joueur de foot. J'accepte volontiers, tout en gardant mes distances dans certaines situations. Ma femme ne prend jamais ombrage lorsque je me fais arrêter dans la rue en sa présence. Cela ne la dérange pas. Elle s'y est habituée. La notoriété n'est pas arrivée du jour au lendemain. Nous avons découvert ensemble et progressivement ses joies et ses inconvénients, quand j'ai commencé à jouer à Istres. Jennifer n'imaginait pas à l'époque que cette célébrité irait au-delà de cette petite ville pour s'étendre à toute la France et dépasser les frontières. Aujourd'hui, elle fait avec. Elle a intégré que ça fait partie de mon métier et de notre vie. Mais quand nous rentrons à la maison, c'est Olivier qu'elle retrouve. Son mari, et le père de ses enfants.

7

Footballeur

Bouchées doubles

Cette belle vie, je l'ai construite en mettant les bouchées doubles. J'ai travaillé plus que les autres. Rien n'est arrivé naturellement. Comme s'il avait été écrit que je n'obtiendrais ce que je souhaitais qu'à la condition que je me batte.

Je me suis construit dans l'adversité.

La concurrence est mon moteur. J'en ai besoin pour avancer. Pire, la facilité ne m'intéresse pas, elle m'installe dans un confort qui ne m'incite pas à me dépasser. J'aurais parfois aimé que les événements soient plus fluides, mais il faut croire que ce n'est pas mon destin. Je me suis demandé si, inconsciemment, je ne dressais pas des obstacles moi-même… Les épreuves me galvanisent. C'est une certitude.

Je me suis accroché pour exister et me faire une place au sein de ma famille. Ce n'était que le premier round. J'ai passé ma carrière à prouver. Que je méritais ma place. Que je n'avais pas piqué celle d'un autre. Que j'étais légitime à mon poste ou dans une équipe. J'ai parfois eu le sentiment que la vie était injuste, mais je n'ai jamais renoncé. Ces épreuves m'étaient envoyées pour que je les surmonte. Je crois qu'elles avaient un sens. Elles étaient probablement nécessaires à mon évolution.

Il est arrivé que je perde ma place de titulaire au profit d'un joueur plus jeune ou plus talentueux. J'ai été critiqué, accusé d'être la cause principale de l'éviction de Karim Benzema. Quant à ma légitimité en Équipe de France, elle a été remise en cause à la Coupe du monde 2018 parce que je ne n'ai pas marqué. Sans parler de cette dernière saison à Chelsea...

Ces épisodes qui ont jalonné ma carrière ont été éprouvants. D'autres auraient peut-être lâché, se seraient découragés. Moi, jamais. Ces bas m'ont donné la rage et n'ont jamais altéré ma confiance en moi. J'ai toujours voulu y croire. Croire que tout était possible et que j'y arriverais.

Une histoire de famille

Si la vie ne s'en était pas mêlée, c'est Romain, mon frère, qui aurait dû être à ma place. Son avenir de footballeur était tout tracé.

Comme moi, il commence sa carrière à Froges, puis il part à l'ES Manival, le meilleur club de foot de jeunes de la région. Comme moi, il est repéré par le Grenoble Foot 38, où il joue deux ans. Les similitudes s'arrêtent ici. Repéré très jeune, il est recruté par l'AJ Auxerre, le meilleur centre de formation de France, avec à sa tête l'emblématique entraîneur Guy Roux. Je vais souvent le voir avec mes parents. Nous assistons au match des pros tous les quatre. J'aime visiter sa chambre au centre de formation. Nous allons déjeuner en ville. Je suis fier de mon frère !

Romain est appelé en Équipe de France jeunes aux côtés de Thierry Henry, Nicolas Anelka et David Trezeguet. Deux d'entre eux seront champions du monde en 1998. Entre quinze et dix-sept ans, il est l'un des meilleurs à son poste de défenseur central. Il enchaîne les sélections en équipe de jeunes.

Mon frère monte très haut, très vite. Mais l'univers du football est impitoyable. Malgré un talent indéniable, il est soumis à la subjectivité et aux choix d'un entraîneur qui ne veut plus de lui. Romain perd sa place à Auxerre et le vit très mal. Par orgueil, ou parce qu'il ne supporte pas ce qu'il considère comme une injustice, il se rebelle et se tire une balle dans le pied en adoptant un comportement inadapté face à ses dirigeants. Il le dit lui-même. Il refuse les propositions de clubs qu'il n'estime pas à son niveau. À l'époque, les agents ne sont pas à la mode et il doit gérer son avenir professionnel tout seul, sans conseil ni accompagnement. Il préfère mettre un terme à sa carrière.

J'ai treize ans et j'observe la situation de loin. Je ne comprends pas l'ensemble du problème, mais voyant la réaction de mes parents, j'ai conscience que cet arrêt brutal leur est tout aussi douloureux que pour mon frère. Ils le vivent comme un échec. Mon père se remet en question. Pourtant très impliqué dans la carrière de son fils, il se demande s'il s'est montré suffisamment présent. Il regrette de n'avoir pas tapé du poing sur la table au moment où Romain rencontrait des difficultés. Ce rêve brisé mine toute la famille.

Mon frère rebondit rapidement en obtenant son BTS de diététique : il devient diététicien-nutritionniste. Il est épanoui et ne regrette rien. Il a réappris à aimer le foot et à regarder les matchs, après une longue période de rejet du milieu. Puis il vit sa passion à travers moi.

Jamais il n'a manifesté la moindre rancœur ou sentiment de jalousie à mon égard. Bien au contraire, à son tour, il est fier de son petit frère, mais surtout exigeant. Très exigeant. Il n'hésite pas à me mettre la pression. Régulièrement, il me tance : « Olive, lâche le frein. » Il veut me faire entendre que je dois me donner à fond, sortir de ma zone de confort, mettre la barre toujours plus haut. Je crains son jugement et ses commentaires d'après-match. Avec du recul, je sais que cette hyper-exigence m'a servi à des moments clés de ma carrière. Romain voulait que je réussisse là où il avait échoué…

Footballeur en herbe

Je poursuis mon chemin de footballeur en herbe. Une période inoubliable. Je joue avec deux de mes meilleurs amis, les jumeaux Damien et Johann. On a grandi ensemble. J'ai cinq ans quand j'intègre le club de Froges, débutant d'abord, puis poussin, benjamin… Loin de moi l'idée de faire une carrière dans ce milieu. Ce que je veux, c'est jouer au foot avec mes potes et ressembler à mon frère. Porter au poignet la même gourmette que lui, me faire masser après les matchs. Il m'arrive d'avoir des courbatures. Ma grand-mère me masse comme

Enfance

❶ : Deux ans, et déjà passionné par le ballon rond. © DR

❷ : Dans la maison de mes parents à Froges (1993). © DR

❸ : Au Froges Olympique Club. © DR

❹ : Avec ma mère dans la cuisine (1995). © DR

❺ : Dans l'appartement de mes grands-parents à Val-d'Isère (1997). © DR

❻ : L'une de mes premières coupes. © DR

❼ : Le jour de mes dix ans, avec ma mère. © DR

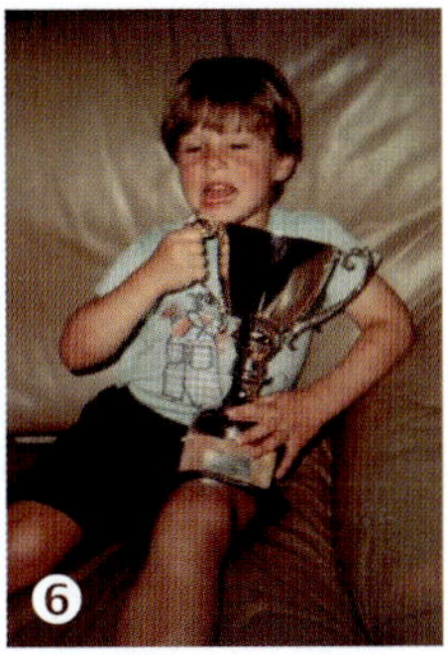

Famille

En haut, à gauche : Mariage de mon frère Romain (2002). © DR

En haut, à droite : Le jour de mes dix-huit ans, avec mes frères. © DR

Au centre : Avec mes frères et ma sœur (octobre 2014). © DR

Ci-contre : Avec mon père (été 2014). © DR

En haut, à gauche :
Mon mariage avec Jennifer (2011). © DR

En haut, à droite : Prix Puskás du plus beau but de l'année (2017). © DR

Ci-dessus : Premières vacances de ski en famille à Courchevel (2020). © DR

Ci-contre : Noël à Londres (2019). © DR

Grenoble

Grenoble Foot 38 (2006). © DR

Tours

Avec Laurent Koscielny à Tours (2008). © DR

Montpellier

Ci-dessus : 2012, année du titre de Champion de France (2012). Les trois photos sont prises au stade de la Mosson de Montpellier. © DR

Ci-dessous : Célébration du titre de Champion de France sur la place de la Comédie à Montpellier (2012). © DR

Arsenal

En haut, à gauche : Avec Jade (2014). © DR

En haut, à droite : Triplé contre l'Olympiakos, fierté de mon coach Arsène Wenger (2015). © Stuart MacFarlane/Arsenal FC/Getty Images

En bas, à gauche : Coupe d'Angleterre (2017). © Stuart MacFarlane/Arsenal FC/Getty Images

En bas, à droite : Finale de la Coupe d'Angleterre (2017). © DR

Au centre : Le coup du scorpion (2017). © Shaun Botterill/Getty Images/AFP

En haut : Avec Jen, Jade et Evan, sur la pelouse de l'Emirates Stadium (2017). © DR

Ci-dessus : Célébration. © Stuart MacFarlane/Arsenal FC/Getty Images

Coupe du monde 2018

© Matthias Hangst/Getty Images/AFP

Toutes les photos avec la Coupe du monde sont prises le 15 juillet 2018, le soir de la finale au stade Loujniki de Moscou.

Page de droite, en bas : Avec ma fille, Jade. © DR

© Xavier Laine/Getty Images

© Clive Rose/Getty Images/AFP

Coupe du monde 2018

Ci-dessus : La photo avec le drapeau n'a pas été prise le soir de la Coupe du monde, mais lors de l'Euro 2016, après la victoire contre l'Islande (5-2) en quart de finale au Stade de France. © Matthias Hangst/Getty Images/AFP

Ci-contre : Avec Jade. © DR

Ci-dessous : Le 16 juillet 2018, à l'Élysée. © Xavier Laine/Getty Images

En haut, à gauche : Avec le président Macron et Jade, dans les vestiaires, après la victoire en Coupe du monde. © DR

En haut, à droite : Avec Jen, au camp de base d'Istra. © DR

En bas, à gauche : Avec Aaron, le 4 juin 2019, jour de la remise de la Légion d'honneur. © DR

En bas, à droite : Avec le couple présidentiel, le jour de la remise de la Légion d'honneur. © DR

Chelsea

En haut : Célébration de mon but « à la Messi », en demi-finale de la Coupe d'Angleterre contre Southampton (2018). © Dan Istitene/Getty Images/AFP

Ci-dessus : Le soir de la finale de la Ligue Europa, remportée à Baku contre Arsenal (2019). © Shaun Botterill/Getty Images/AFP

Ci-contre : Avec Jen et nos trois enfants sur la pelouse du stade Stamford Bridge (2019). © DR elle peut pour ôter mes douleurs et je lui dis : « Mamie, tu te rends compte de la chance de Romain ! Il peut se faire masser quand il veut, lui ! »

Mon ambition ne va pas plus loin. Ce qui m'importe, c'est de briller devant ma famille et mes amis lorsqu'ils se déplacent pour me voir jouer. Mon objectif se résume à un mot : marquer.

Je suis un bon joueur, avec des prédispositions, peut-être l'un des deux meilleurs de mon équipe. J'évolue au poste d'attaquant – même s'il m'arrive de m'improviser défenseur à la demande de mes entraîneurs lorsqu'un joueur manque. Je marque des buts, mais je ne suis pas un phénomène. D'ailleurs, personne ne mise sur moi… Lorsque j'ai gagné la Coupe du monde, mes coaches de Froges ont expliqué ma réussite en valorisant davantage ma force de caractère que mon jeu. Selon eux, c'est grâce à mon mental que j'en suis arrivé là. Je ne suis pas tout à fait d'accord…

J'ai toujours été passionné, volontaire et habité par la rage de vaincre. Au collège, je participe à des tournois interclasses, je suis prêt à mourir sur le terrain tant la défaite m'est insupportable. S'il nous arrive de perdre, je pleure. Je ne joue que pour gagner. Je suis un compétiteur dans l'âme, mais ma réussite ne doit pas se résumer à ce seul trait de caractère.

Romain croit déjà en moi. Il a repéré mon potentiel lors d'un match contre Grenoble. J'ai huit ans, je joue depuis quelques minutes lorsque je fais une reprise de volée suivie d'un but « venu d'ailleurs ». Mon frère et mon père assistent à la rencontre. Au coup de sifflet final, Romain s'approche de moi : « Aujourd'hui, je sais que tu es un attaquant, un buteur. Tu as ça dans le sang. »

Il ne dépend que de moi d'exploiter mes capacités. Le moment n'est pas venu. Je ne suis pas assez mature pour me projeter dans une carrière professionnelle. Je vis foot, respire foot du matin au soir. Je suis un inconditionnel de l'Équipe de France et de Zidane, dont les posters recouvrent les murs de ma chambre. Je grandis en supporter de l'OM où évoluent Jean-Pierre Papin, l'un de mes joueurs préférés, et Didier Deschamps, mon futur coach, qui remportent en 1993 la prestigieuse Ligue des champions. J'admire aussi le Brésilien Ronaldo. Il fait rêver tous les gamins de mon âge. Je ne me lasse pas de regarder des vidéos du Néerlandais Marco van Basten, mais mon joueur favori est l'Ukrainien Andriy Shevchenko qui joue au grand Milan AC. Il est capable de marquer dans toutes les positions, du pied droit, du pied gauche, de la tête ; un génie. Je m'inspire beaucoup de ce joueur, au point de l'imiter secrètement lors des échauffements et des footings. J'essaye de reproduire ses gestes et sa façon de courir, mais le naturel reprend vite le dessus. Je ne suis pas Shevchenko.

En fin de saison, lors d'un match d'entraînement, je suis repéré dans mon petit village par des recruteurs du club Grenoble Foot 38. J'ai douze ans. Ils décident de me faire passer un essai, qui s'avère concluant. Je suis fier et heureux. Mais passé la phase d'euphorie, le doute surgit dans mon esprit, les questions commencent à m'envahir. « Est-ce que ça vaut le coup d'y aller ? Ce sport demande beaucoup de sacrifices ; est-ce que ça en vaut la peine ? Beaucoup d'appelés et si peu d'élus. » Rien ne me garantit que je vais réussir et devenir pro.

L'échec de mon frère plane comme une ombre et me freine. J'ai peur qu'il m'arrive la même chose. J'ai pourtant entre les mains une réelle opportunité, que je dois saisir, peu importe l'issue. Grenoble est le club phare de la région. Mais je ne suis qu'un enfant, ma priorité reste mes potes. Je suis naïf, innocent et immature ! Je me résigne à annoncer, non sans une certaine appréhension, la nouvelle à mes amis. Je prends mon courage à deux mains et je leur demande : « Vous pensez que je dois partir à Grenoble et vous laisser ? » Leurs réponses sont unanimes : « Vas-y ! Comment peux-tu hésiter ? On aimerait tous être à ta place ! Fonce ! »

Mes parents se tiennent à distance. Échaudés par l'expérience malheureuse de Romain, ils ne m'encouragent pas, ne me dissuadent pas non plus. Leur position est délicate. D'un côté, ils redoutent que je subisse un échec, car la probabilité de réussir dans ce milieu est faible. De l'autre, ils ne peuvent m'interdire de tenter ma chance. Ils me mettent simplement en garde contre d'éventuelles désillusions. Libre à moi de prendre le risque. Je décide de tenter l'aventure pour ne jamais regretter de n'avoir pas essayé.

Le Grenoble foot 38

J'intègre le Grenoble Foot 38, avec l'avantage non négligeable de rentrer à la maison tous les soirs. L'adaptation à mon club formateur ne s'opère pas sans mal. Mes coéquipiers me perçoivent comme le petit villageois qui débarque de sa campagne, ce qui me vaut quelques remarques peu agréables. Mes amis Alexis Lafon et Christophe Lautier, qui viennent aussi d'un petit village, en font également les frais. Je dois affirmer ma personnalité – même si je n'en mène pas large –, ne pas me laisser marcher sur les pieds si je ne veux pas devenir le souffre-douleur du centre. Chaque année, les nouveaux arrivants subissent le même sort. Une sorte de bizutage qui dure plus ou moins longtemps et qui consiste à nous provoquer dans les vestiaires ou quelques minutes avant un match, à nous tester. Malheur à celui qui flanche ! À cet âge-là, nous sommes sans pitié les uns envers les autres. Il arrive même que, faute de repartie, nous en venions aux mains. Tout est bon pour gagner sa place et se faire respecter.

Je fais peu à peu mon trou. Je parviens à me faire accepter par le groupe. À ce petit niveau, l'objectif n'est pas de devenir pro ni de gagner beaucoup d'argent, mais les éducateurs sont exigeants et l'esprit de compétition apparaît, avec son lot de rivalités et de coups bas. L'amitié passe au second plan ; chacun pour sa peau. Je dois m'imposer et me battre pour mériter de jouer. Laisser mes états d'âme de côté lorsqu'on me demande de prendre la place d'un coéquipier ou, à l'inverse, ravaler mon orgueil quand je « cire le banc ». Je relativise, je prends ce qui m'arrive avec détachement, sans pression.

Bankable

Les difficultés que je traverse n'ont rien d'insurmontable. Ce n'est qu'un début. La pression est arrivée bien plus tard, lorsque je suis devenu *bankable*. À Montpellier, puis lorsque j'ai signé avec les clubs d'Arsenal et Chelsea en Angleterre. À ce moment-là, j'ai été propulsé dans un autre monde, où l'argent représente le nerf de la guerre. La pression s'intensifie avec les enjeux financiers. Plus notre salaire est élevé, plus l'exigence est forte. Mon implication doit être à la hauteur de ce que je gagne.

Par implication, j'entends performances et obligation de résultat. Le montant de notre transfert augmente en fonction de ce que nous montrons sur le terrain. Cet argent rentre directement dans les caisses du club, qui réinvestit dans l'achat d'autres joueurs. Il est, de surcroît, plus facile de négocier son salaire à la hausse quand nous sommes sollicités par plusieurs clubs.

Aucune pitié pour un joueur en petite forme. Les entraîneurs ne se soucient pas des ego, ils privilégient le collectif. Leur objectif : construire une équipe qui gagne. Deux fois par an, lors du mercato – le marché des transferts –, les joueurs sont « mis » sur le marché pour être vendus, achetés ou prêtés. Nous sommes de la marchandise. Tout simplement parce que nous avons une valeur marchande, qui varie en fonction de nos performances et de notre âge.

Nous sommes la propriété d'un club qui nous salarie, nous devons respecter toutes les clauses du contrat que nous avons signé. Par exemple, nos engagements vis-à-vis des sponsors. Nous sommes tenus de participer aux opérations marketing demandées par l'équipementier : publicités, interviews, shootings photo, etc. La marque exploite notre image et détient une partie des droits. La sélection en Équipe de France décuple tout cela.

Avant chaque compétition internationale, une journée est consacrée aux différents sponsors avec tournage de publicités, films vidéo, photos et interviews. Interdiction de refuser.

Au-delà du prestige que l'équipe nationale représente, les contrats publicitaires et les droits de retransmission d'un match à la télé génèrent des revenus faramineux. Le football professionnel, bien que populaire, est la discipline sportive la plus pratiquée et la plus médiatisée dans le monde, d'où les sommes exorbitantes qui circulent et en ternissent l'image. Il faut garder à l'esprit les bons côtés du football, qui fédère des millions de personnes, toutes classes sociales confondues, toutes origines confondues. Le ballon rond fait tomber les barrières érigées par notre société et est un pourvoyeur d'émotions extraordinaires.

En plus des obligations imposées par notre club, nous signons un contrat personnel avec un équipementier, qui nous oblige à porter la marque à laquelle nous sommes liés lorsque nous sommes interviewés à la télé ou pour un shooting photo. Dans notre vie quotidienne également. Il est indispensable de bien s'entourer, tant au niveau financier – pour négocier les contrats – que pour gérer notre image. C'est là que les agents ont un rôle à jouer. Choisir le bon, ne pas se laisser aveugler par des promesses parfois sans lendemain est un vrai casse-tête. Sur quels critères se baser pour faire confiance à l'un plutôt qu'à l'autre ?

Le monde des agents est un monde de requins. Certains flairent le jackpot financier à travers nous. Les débordements sont nombreux : rémunérations insensées, conflits d'intérêts, liens secrets avec les entraîneurs et les dirigeants, dessous de table… J'en passe… Évidemment, tous les agents ne sont pas véreux et il n'est pas question de nier leurs compétences. Ils sont indispensables. Instaurer une relation de confiance mutuelle avec son agent est primordial. Cette « association » doit tendre vers un seul objectif : la réussite professionnelle. Nous devons seulement faire preuve d'une extrême vigilance pour choisir celui qui gérera notre carrière et nos intérêts financiers. Cette profession est peu réglementée, ses quelques règles faciles à transgresser. Par chance, je n'ai jamais vécu d'expériences malheureuses.

À mes débuts, mon frère garde un œil sur moi. Très présent à mes côtés, il me conseille, tant au niveau du jeu que du comportement à adopter. C'est lui qui discute avec les dirigeants du Grenoble Foot 38 lorsque je décide de quitter Froges. Il connaît tous les rouages de ce milieu et me protège.

Plus tard, lorsque je passe pro, je décide de mettre ma carrière entre les mains d'agents. Je ne veux pas mélanger l'argent et la famille. Garo Khachikian est mon premier agent, lorsque je joue au Grenoble Foot 38. Il s'est déplacé à Créteil pour voir un match entre les deux équipes, dans l'espoir, j'imagine, de repérer une ou plusieurs pépites. À la fin de la rencontre, il me fait part de son intérêt. Il est jeune et sans beaucoup d'expérience dans le métier. Romain et moi discutons avec lui. Il semble honnête, nous prenons la décision de collaborer. Je n'ai à vrai dire que peu de choix. Ma carrière débute à peine et les agents ne se bousculent pas pour me proposer leurs services.

Deux ans plus tard, je fais la connaissance de Guillaume, qui vient me voir à Marseille. Son discours me séduit. J'ai envie de passer à la vitesse supérieure. Je mets un terme à ma collaboration avec Garo, mais nous restons en contact et, de temps en temps, nous nous écrivons pour prendre des nouvelles.

En 2008, je m'engage avec ce nouvel agent et ses associés. Guillaume et Alain sont basés à Montpellier. Les deux autres, Michaël et Pascal, à Menton. Ils se partagent la gestion de carrière de plusieurs joueurs évoluant en Ligue 1 et à l'étranger. Je commence avec les deux premiers, lorsque je joue à Montpellier, puis Michaël, qui parle plusieurs langues et possède un large réseau, prend le relais à mon arrivée à Arsenal. Mes agents sont épaulés par Giselle, une personne formidable qui a géré mon patrimoine pendant dix ans. J'aimais beaucoup cette femme, bienveillante et protectrice avec moi. Très rapidement, elle a fait partie de mon entourage proche. Elle nous a quittés il y a un an. Je ne l'oublierai pas.

Ma collaboration avec Michaël fonctionne bien. Mes bonnes performances sur le terrain lui facilitent la tâche. Ce qui n'enlève rien à ses compétences, car le plus gros reste à faire : négocier au mieux mes contrats. Nous travaillons ensemble depuis douze ans, dans une confiance totale et réciproque. Michaël est un proche.

Pas là par hasard

Revenons à mes débuts. À douze ans, je suis bien loin de ces préoccupations de star. Je joue avec les moins de treize ans en Ligue d'honneur.

À quatorze ans, je décroche un titre de champion de France avec la sélection Rhône-Alpes. Je ne suis pas titulaire; je ne joue, en moyenne, qu'un match sur deux. Un jour, mon éducateur, Richard Boilon, s'approche de moi : « Tu as des qualités lorsque tu es devant le but, tu es un attaquant, un buteur, mais tu as aussi cette faculté de voir le jeu plus vite que les autres, c'est important. » Je reçois cette confidence comme une révélation. Je prends confiance en moi. Je comprends que je ne me trouve pas là par hasard.

Richard Boilon est de ces hommes qui ont compté dans mon parcours de footballeur. Au-delà de l'aspect purement sportif, il s'est donné pour mission de nous transmettre des valeurs, comme le respect et l'humilité. Un souvenir me revient. Nous partons en déplacement avec l'équipe. Richard est déjà à l'intérieur du bus au moment où je monte. Je ne sais plus si mon esprit est occupé à autre chose ou si, tout simplement, je n'ai pas remarqué sa présence; toujours est-il que j'oublie de le saluer. Sur un ton de réprimande, il m'interpelle devant l'équipe : « Tu ne me dis pas bonjour! Tu ne me serres pas la main non plus? » Sous-entendu : pour qui te prends-tu? Vexé, je me confonds en excuses. Ce jour-là, j'ai pris conscience de l'importance de la hiérarchie dans le sport et du respect que je devais à mes entraîneurs comme à mes coéquipiers.

Dire bonjour en serrant la main semble évident. Ces marques de respect sont typiquement françaises. En Angleterre, le simple bonjour est loin d'être systématique.

À la même période, le club d'Auxerre me fait des appels du pied pour que j'intègre leur prestigieux centre de formation. Mon ami Alexis Lafon, qui joue avec moi, est également sollicité. « Viens avec moi, me dit-il, l'intégration se fera plus facilement à deux ! » Ma famille, si discrète habituellement, s'interpose : « Tu es trop jeune et trop immature ! Tu ne partiras pas ! » Je n'insiste pas. Alexis est en effet bien plus mûr que moi. Et puis, ironie du sort, ce club n'est autre que celui qui a brisé le rêve de mon frère Romain. Hors de question que j'accepte.

Je reste au Grenoble Foot 38 et je poursuis ma jeune carrière avec les moins de quinze ans. Je commence à jouer contre de « grosses écuries » comme Marseille, Saint-Étienne ou Lyon. À dix-sept ans, je signe un contrat stagiaire pro, que Romain négocie pour moi, puis j'intègre l'équipe réserve. Ma carrière prend un autre tournant. Les enjeux sportifs deviennent plus sérieux, la concurrence aussi. Je ne joue plus au foot pour m'amuser avec mes potes, mais pour gagner des titres et progresser. Je commence à espérer, à croire en moi et en mon rêve de devenir footballeur professionnel. Sentiment d'autant plus fort qu'il ne reste plus grand monde des coéquipiers de moins de treize ans et moins de quinze ans avec lesquels je jouais. La plupart ne sont plus dans la course. Moi, je suis toujours là.

Je mérite ma place, mais je réalise, jour après jour, qu'elle n'est pas et ne sera jamais acquise. Le foot est un éternel recommencement qui oblige à se remettre en question, à rester vigilant, à se dépasser sans cesse. Les titres, aussi prestigieux soient-ils, n'y changent rien.

Ils représentent à un moment précis l'aboutissement de notre travail, la récompense d'années d'efforts, mais ne nous immunisent pas contre les échecs.

Conscient de la fragilité de ma place, je m'accroche et je travaille dur. En 2005, alors que j'évolue en équipe réserve, des rumeurs commencent à courir sur deux ou trois joueurs – dont je fais partie – susceptibles de signer un contrat pro. Le Graal. Le directeur du centre de formation et coach de l'équipe réserve, Bernard Blaquart, nous laissent entendre que nous avons nos chances.

Plus motivé que jamais, je fais un bon début de saison, mais je suis stoppé dans mon élan par un problème sérieux au ménisque externe. Une opération est inévitable. Cet arrêt brutal menace mon avenir proche et mes chances de signer un contrat pro, mais je ne peux y échapper. Trois mois de repos forcé au terme desquels je reprends progressivement les entraînements. J'ai du mal à revenir. Je souffre, mais je me bats pour donner le meilleur de moi-même. En fin de saison, le coach, me sentant prêt, me demande de rejouer. Il ne reste plus beaucoup de matchs pour faire mes preuves. Le suspense ne dure heureusement pas très longtemps. Bernard vient me voir et s'adresse à moi, je n'oublierai jamais : « Le club va t'offrir un contrat pro. »

C'est l'un des plus beaux jours de ma vie. Le premier grand souvenir de ma carrière de footballeur. J'ai dix-neuf ans, et, dans quelques semaines, je serai un joueur professionnel.

Passer pro

Je signe un contrat de trois ans dans le bureau de Max Marty, directeur général du Grenoble Foot 38. Mon salaire s'élève à 2 500 euros par mois, la première année. Romain est présent à mes côtés ce jour-là.

Je porterai le numéro 22, floqué de mon nom.

Le contrat signé, c'est à moi de jouer. La première année n'est pas évidente. Je marque deux buts en dix-sept matchs et ne suis titularisé qu'à deux reprises. Je suis remplaçant, en concurrence avec des joueurs beaucoup plus expérimentés que moi. Je n'entre sur le terrain que pour quelques minutes. Difficile de briller et de montrer à Yvon Pouliquen, mon coach, ce dont je suis capable avec l'équipe première. Je trépigne sur le banc, mais je prends mon mal en patience. J'attends mon heure. Ce manque de temps de jeu, je le compense en jouant régulièrement avec l'équipe réserve. Je marque beaucoup de buts et fais partie des meilleurs buteurs de CFA 2, ce qui entretient ma confiance en moi.

Le 26 février 2007, mes efforts sont récompensés. Je marque mon premier but pro au stade Lesdiguières, à Grenoble, face au Havre d'un certain Steve Mandanda, que je retrouverai quelques années plus tard en Équipe de France. Un an que j'attends ce moment! Grenoble perd 1-0 quand le coach me fait entrer sur le terrain. À la 85e minute, mon coéquipier, Steven Pelé, égalise. Puis, à la dernière minute, je m'empare du ballon et je marque. 2-1 pour Grenoble. Je suis sur un petit nuage. Le sauveur qui libère son équipe en lui offrant la victoire!

L'année suivante, l'idylle avec mon club prend du plomb dans l'aile à l'arrivée d'un nouveau coach, Mécha Baždarević, qui souhaite me garder dans son effectif tout en me laissant remplaçant. Cette décision ne me convient pas. Je vais encore manquer de temps de jeu, donc de reconnaissance. Clairement, en restant dans cette équipe, je n'aurai aucune chance de progresser. Je ne suis pas le premier choix de mon entraîneur. Bien qu'encore sous contrat pour deux ans, je demande au coach de me laisser partir. La négociation est rude. Je ne me laisse pas intimider. Il me faut insister, avancer tous les arguments qui sont en mon pouvoir pour le faire changer d'avis. Pendant ce temps, mon agent de l'époque, Garo, se démène pour me trouver un club. Il m'annonce qu'Istres est intéressé. J'hésite. Ce club, qui évoluait en Ligue 2, a rétrogradé en Nationale, c'est-à-dire en 3e division. Il ne fait plus partie des clubs professionnels, mais en conserve le statut pendant deux ans.

Décision difficile à prendre. Redescendre dans un club de 3e division et avoir l'assurance de jouer, ou rester à Grenoble et passer plus de temps sur le banc de touche que sur le terrain ? Dilemme. Je prie, je réfléchis, je pèse le pour et le contre. Quelques jours plus tard, Nassim Akrour, un de mes coéquipiers du Grenoble Foot 38, reçoit un appel du président du FC Istres, Bertrand Benoît, qui souhaite obtenir des informations sur moi. Nassim répond clairement au président qu'il doit me recruter, puis vient me voir. En quelques mots, il fait basculer ma décision : « Olivier, me dit-il, si tu restes à Grenoble, le coach ne te fera pas jouer. Tu n'auras aucune opportunité, alors qu'à Istres, tu auras l'occasion de montrer ce que tu sais faire, de te forger un caractère et de progresser. »

J'appelle mon agent pour lui annoncer ma volonté de rejoindre le FC Istres. Je suis prêté au club pour une durée d'un an.

Istres

En signant à Istres, j'accède à un niveau social que je n'aurais jamais imaginé, avec une rémunération de 8 000 euros par mois. Au-delà de ce changement de statut, je découvre l'indépendance. Pour la première fois, je vis seul, je fais mes courses et j'apprends à cuisiner. Mon permis en poche, je me fais l'immense plaisir de racheter la Polo de la cousine de ma mère. Ma première voiture, synonyme de liberté. Je prends mon envol. Jennifer me rejoint dès qu'elle peut.

Cette nouvelle vie me donne confiance en moi, et je m'impose assez rapidement dans mon nouveau club. Malgré une blessure qui me fait manquer une partie de la saison, je réalise de bonnes performances face à des joueurs expérimentés : je marque quatorze buts en trente-trois matchs.

En fin de saison, je suis tenu par contrat de retourner jouer à Grenoble qui, entre-temps, est monté en Ligue 1, mais je comprends que Baždarević ne souhaite toujours pas me titulariser. Il a recruté d'autres attaquants et me voit comme un joker. Je fais du forcing pour partir. Badžarević refuse, puis, énervé, me lance cette phrase : « Tu n'as pas le niveau pour jouer en L2, et encore moins en L1. » Peut-être qu'il a raison, mais c'est oublier que je ne suis pas assez exploité pour montrer mon éventuel talent. Cette sentence me blesse. Je ne me laisse pas abattre par ce diagnostic hâtif et je me promets de faire mentir cette mauvaise évaluation.

Quatre ans plus tard, lors d'une rencontre entre Montpellier, le club dans lequel j'évolue à l'époque, et Sochaux, le nouveau club de Baždarević, ce sera chose faite. Survolté, la rage au ventre, je n'aurai de cesse de lui prouver qu'il s'est lourdement trompé. Je propulse mon équipe en tête du classement en inscrivant un triplé. Au terme de la rencontre, Baždarević, interviewé, résume la situation en une seule phrase : « Giroud est un joueur exceptionnel. »

Le coach du FC Istres, Frédéric Arpinon, demande à ses supérieurs de faire avancer mon dossier en rachetant ma dernière année de contrat à Grenoble. Cent cinquante mille euros, une somme que le club a les moyens de débourser. Ce que j'ignore, c'est qu'un autre club m'a repéré, le Tours FC. Très efficaces, et sans doute très motivés, les dirigeants du club dégainent plus rapidement que le FC Istres.

Tours

2008. Me voilà parti pour d'autres aventures à Tours, une équipe de Ligue 2. Cerise sur le gâteau, je retrouve Max Marty – l'ex-directeur du Grenoble Foot 38 qui m'avait fait signer mon premier contrat pro –, devenu directeur sportif de mon nouveau club.

Gonflé à bloc, je fais une belle première année aux côtés de Laurent Koscielny, que je retrouverai quelques années plus tard à Arsenal puis en Équipe de France. Rien ne peut m'arrêter. Après les entraînements, je reste sur le terrain pour tester des reprises de volée ou d'autres situations types devant le but. Je continue à jouer alors que mes copains sont déjà sortis de la douche.

Ma deuxième saison est encore plus belle. Le 18 septembre 2009, lors d'une rencontre contre Arles-Avignon, j'inscris un quadruplé. Je me sens invincible. Je marque vingt-trois buts en quarante matchs et suis élu meilleur buteur. Je reçois le trophée UNFP (Union nationale des footballeurs professionnels) du meilleur joueur du championnat de L2. Mon salaire grimpe d'année en année, jusqu'à atteindre 15 000 euros par mois.

En fin de saison, le téléphone se met à sonner. Plusieurs clubs s'intéressent à moi : Montpellier, Monaco, mais aussi un club écossais, le Celtic de Glasgow, et un club anglais, Middlesbrough. Mes agents travaillent d'arrache-pied pour me décrocher le meilleur contrat dans le meilleur club. Mon choix se porte sur l'Écosse. Le Celtic de Glasgow et son stade mythique, le Celtic Park, avec ses 60 000 spectateurs, me font rêver ! Je m'y vois déjà. Stratégiquement, ce club est un beau tremplin pour réaliser mon rêve de jouer plus tard en Premier League (le championnat d'Angleterre).

Entre-temps, Alain et Guillaume, mes deux agents basés à Montpellier, ont l'idée de solliciter le regretté Louis Nicollin, président du Montpellier Hérault Sport

Club (MHSC). Ils me suggèrent de répondre à son appel : « Tu es libre de décider dans quel club tu souhaites jouer, mais écoute ce que le président Nicollin veut te dire. » Flatté que ce personnage emblématique du football français veuille s'entretenir avec moi, j'accepte. En l'écoutant, je comprends à quel point son club me veut. « Qu'est-ce que tu vas aller foutre là-bas, en Écosse, à Kilchmarchnock », me dit-il d'emblée. Une façon un peu détournée de dénigrer à mes yeux le championnat écossais en évoquant la ville de Kilmarnock. Le président veut à tout prix me dissuader de signer avec le Celtic Glasgow qui, à ce moment-là, remporte mes faveurs. « Viens chez nous, tu seras bien, tu seras heureux. » Il m'explique en détail le projet sportif de son club. Son attaquant vedette, le Franco-Colombien Victor Hugo Montaño, est parti, et Louis Nicollin m'assure que je prendrai sa relève comme attaquant numéro 1. Je suis de plus en plus séduit par sa proposition. Je raccroche après lui avoir demandé un court délai de réflexion, mais je sais déjà que mon avenir se jouera chez lui.

Le lendemain, mes agents viennent me voir avec les propositions financières des différents clubs intéressés, notamment celles du Celtic et de Middlesbrough, qui m'offrent le double de Montpellier. À aucun moment mes conseillers n'avancent cet argument pour me convaincre de partir à l'étranger, au contraire. Alain et Guillaume me disent : « Ne voudrais-tu pas laisser une trace de toi en France, en Ligue 1, avant de partir à l'étranger ? » C'est un bel argument.

Montpellier

Le 1er juillet 2010, je signe pour trois ans avec Montpellier. Les exigences montent d'un cran. Il faut être efficace. Les occasions de but sont moins fréquentes et moins faciles, nous sommes confrontés à d'excellents joueurs. Le haut niveau. La pression est forte, nous sommes sous les feux des projecteurs, nous jouons dans des stades pleins à craquer. Je découvre la presse et ses critiques. Encensé un jour, cloué au pilori le lendemain. Je m'y habitue progressivement.

Ma première saison est une année d'adaptation, mitigée. Je marque quatorze buts en quarante-trois matchs, mais le coach, René Girard, me fait confiance. La deuxième année, j'explose. Notre équipe est composée de joueurs confirmés et de jeunes. J'ai vingt-cinq ans, je me situe entre les deux générations. L'alchimie dans le groupe fonctionne à merveille, notre coach sait nous mettre la *grinta*, l'envie de gagner. J'inscris un triplé face à Sochaux, puis un autre face à Dijon. Je travaille sans relâche et mes efforts portent leurs fruits. Je réussis tout ce que je tente, je « marche sur l'eau ». Mon salaire s'envole – près de 50 000 euros par mois la première année –, ma notoriété aussi.

Jennifer et moi louons une très belle maison avec piscine, à Lattes, près des plages. Nous vivons une vie de rêve entre la mer, le soleil et le succès enfin au rendez-vous. Je suis élu meilleur buteur de la saison. Avec vingt-cinq buts au compteur en quarante-deux matchs, je contribue grandement au sacre de champion de France de mon équipe, pour la première fois de son histoire.

Ni ma notoriété naissante ni l'argent ne me font tourner la tête. Je ne m'enflamme pas. Mon éducation est ancrée en moi et m'interdit tout excès. Je ne flambe pas non plus, j'économise. Cela ne m'empêche pas de gâter Jennifer et de nous offrir une belle vie. Nous ne nous privons pas, sans faire de folies.

À ce sujet, chaque année l'UNFP organise des stages pour nous mettre en garde : « Mettez de l'argent de côté, nous conseillent-ils, parce qu'une carrière de footballeur dure en moyenne sept ans. Ne faites pas n'importe quoi avec votre argent ! » Je n'ai pas besoin de ces conseils, ma mère est passée par là quelques années auparavant. Dès mes premiers salaires, j'investis dans la pierre, pour nous mettre à l'abri, au cas où...

Arsenal

Toujours plus haut, toujours plus fort ! Après deux très belles années à Montpellier, il est temps pour moi de regarder plus loin. Au-delà des frontières. J'ai inscrit mon nom dans l'histoire du foot français, je dois m'illustrer ailleurs, faire mes preuves dans une grande équipe européenne.

Depuis plusieurs mois, Arsenal me suit d'un œil attentif. À la fin de la saison 2012, mes agents m'informent que le club anglais s'intéresse à moi. Ce club m'a toujours fait rêver. Au-delà de son prestige, il a accueilli de grandes stars du foot français comme Robert Pirès, Thierry Henry, Patrick Vieira, Emmanuel Petit et tant d'autres. Sans oublier Arsène Wenger, devenu au fil du temps un symbole d'Arsenal. J'en discute avec Michaël, mon agent, et lui demande de se pencher sérieusement sur ce dossier. D'autres clubs me sollicitent, mais mon premier choix est Arsenal. Je veux jouer là-bas ! Je veux être un *gunner* ! Les transactions prennent du temps. Mon transfert est estimé à 12 millions d'euros.

Dans l'intervalle, je suis appelé en Équipe de France pour disputer l'Euro 2012. Je suis concentré sur la compétition, tout en suivant de près l'évolution de la situation de l'autre côté de la Manche. J'attends impatiemment le dénouement. Ce jour arrive, à ma grande surprise, lors d'une visite de nos épouses dans notre camp de base. Je suis heureux de revoir Jennifer, qui affiche un petit sourire en coin. Elle ouvre son sac, me tend un document : « Tu n'as plus qu'à signer », me dit-elle. Michaël l'a chargée de m'apporter le contrat finalisé. Un contrat de quatre ans qui me lie au mythique club d'Arsenal, où je vais retrouver mon pote Laurent Koscielny. Une joie intense s'empare de moi. Encore un rêve – et pas le moindre – qui se réalise.

Le 1er juillet 2012, je porte officiellement le maillot rouge floqué du numéro 12. Je découvre un autre football, une autre atmosphère. Contrairement aux stades français, il n'existe pas de kop (tribune où sont regroupés les supporters les plus actifs d'un club), les fans qui se comptent par milliers sont éparpillés dans le stade et chantent à l'unisson tout au long du match. Je n'avais jamais connu une telle ambiance. Depuis que les hooligans ont été chassés grâce à des mesures de sécurité importantes, nous pouvons jouer en toute tranquillité. Les tribunes sont situées aux abords du terrain.

Cette proximité avec les supporters nous stimule et, malgré leur fougue et leur enthousiasme, ils se comportent toujours avec respect.

Les fans n'ont pas d'âge. Il m'est arrivé d'apercevoir de vieilles dames, maquillées aux couleurs du club, revêtues du maillot et chantant à tue-tête dans l'enceinte du stade. En Angleterre, ce sport est une fête, une religion, un héritage qui se transmet de génération en génération. Leur exigence est à la hauteur de leur passion. Ce qu'ils attendent de nous, c'est du spectacle, du football champagne, et des résultats. Je dois m'habituer à une tout autre façon de jouer, beaucoup plus athlétique, avec un engagement physique sur le terrain plus rude qu'en France. Nous passons d'une surface de réparation à l'autre, nous attaquons sans cesse, contrairement aux jeux français ou italien, qui privilégient plutôt la tactique. L'adaptation n'est pas évidente et ce n'est qu'au huitième match que je marque mon premier but.

Les quatre premières années se déroulent bien. Je marque dix-sept buts en 2012. J'ai des hauts et des bas. En 2014, une fracture du pied gauche m'oblige à rester au repos quatre mois. Je reviens plus motivé que jamais. Le 16 septembre 2015, je commence la saison européenne en Ligue des champions contre le Dinamo Zagreb. Ayant écopé d'un premier carton jaune auparavant pour protestation, je suis expulsé en fin de première période : second carton jaune pour une faute évitable. Mon équipe, réduite à dix par ma faute, s'incline 2-1. Je deviens la cible de la presse anglaise et des supporters, qui me laminent et réclament que je sois remplacé par mon concurrent, l'attaquant Theo Walcott.

Je laisse de côté mes déboires du moment, je range mes états d'âme et je me bats pour retrouver les faveurs de mon entraîneur et du public. Trois mois plus tard, je qualifie mon équipe pour les huitièmes de finale en inscrivant mon premier triplé contre l'Olympiakos. Je deviens, derrière Thierry Henry, le deuxième buteur de l'histoire du club ayant marqué trois buts en Ligue des champions. Les journalistes, qui quelques mois auparavant m'avaient descendu, m'encensent et me surnomment «*the Greek god*», le dieu grec. Ce revirement ne me fait ni chaud ni froid. Je suis habitué aux humeurs changeantes de la presse. Elles font partie du jeu.

Le 28 septembre 2017, lors d'un match de Ligue Europe contre le BATE Borisov, une équipe biélorusse, j'inscris mon 100e but, toutes compétitions confondues, sous le maillot d'Arsenal. Mais je n'en ai marqué que seize cette année-là et les événements tournent en ma défaveur. À l'été, le coach Wenger recrute un attaquant, Alexandre Lacazette, qu'il souhaite faire jouer en pointe, autrement dit à ma place. Je perds mon statut de titulaire et deviens numéro 2. Le coup est dur, d'autant plus dur que la Coupe du monde arrive à grands pas. J'ai besoin d'un temps de jeu important pour avoir toutes les chances d'être sélectionné. La question de quitter mon club se pose. Le club d'Everton en Angleterre connaît ma situation et me contacte. Je rencontre le président et le coach Ronald Koeman, qui me manifestent leur vif intérêt. Leur projet sportif est intéressant.

J'hésite encore, pourtant. Baisser les bras ne me ressemble pas. Les questions se bousculent dans ma tête. Ne devrais-je pas me battre pour regagner ma place dans mon club ? Si je reste ici, est-ce que je ne risque pas d'être privé de Coupe du monde ? Je repense aux grands moments que j'ai vécus à Arsenal. Et puis, Arsène Wenger veut me garder. Je ne parviens pas à démêler les contradictions permanentes qui m'assaillent, jusqu'à ce qu'un événement extérieur et inattendu fasse basculer ma décision.

Ma mère me téléphone pour me parler de Nicole, l'une de ses amies qui appartient, elle aussi, à l'Église évangélique, et qui reçoit de temps en temps des prophéties. « Nicole a reçu un message pour toi, m'annonce-t-elle. Veux-tu que je te l'envoie ? » J'accepte. Au fond, je ne suis pas si surpris. J'ai beaucoup prié ces derniers jours pour trouver une issue à mon dilemme, j'ai demandé à Dieu de me montrer le chemin. Peut-être vais-je recevoir une réponse à mes questions. La prophétie évoque une vache dans un champ, tentée d'aller explorer d'autres champs, pensant que l'herbe y sera plus verte. Mais le pâturage dans lequel elle broute la nourrit depuis des années.

La métaphore fait écho à ma situation. Ce club m'a permis de révéler mes talents, de gagner de l'argent, de m'épanouir ; je souhaite le quitter car j'imagine que je trouverai mieux ailleurs, mais l'herbe sera-t-elle plus verte à Everton ? La prophétie continue et m'intime d'écouter la voix de la sagesse, de ne pas vouloir plus, ni trop. Le temps n'est pas venu de partir. Je dois faire confiance au Seigneur qui me guidera le moment venu… Je reste silencieux quelques instants. Je ne quitterai pas Arsenal.

Deux mois plus tard, le coach du club d'Everton est licencié. Quel aurait été mon avenir là-bas, avec un nouvel entraîneur ? Le lendemain, je me rends dans le bureau d'Arsène Wenger : « Coach, j'ai décidé de rester à Arsenal, je vais jouer la concurrence tant qu'elle est honnête. » Je n'ai jamais regretté mon choix.

Six mois passent et mon sort empire avec l'arrivée de l'attaquant Aubameyang. Malgré cent cinq buts et quarante et une passes décisives en deux cent cinquante-quatre matchs avec Arsenal, mes statistiques en club cette dernière année et demie fondent : sept buts depuis le début de la saison, seize la saison précédente.

Didier Deschamps me laisse entendre que ma sélection pour la Coupe du monde 2018 est compromise et m'encourage à changer de club, je l'ai dit plus haut. Je sollicite un rendez-vous avec Arsène Wenger : « Je veux partir. Je dois jouer une Coupe du monde dans six mois, il est hors de question que je devienne numéro 3. » Avec toute l'élégance et l'humanité qui le caractérisent, le coach me répond : « Je comprends, je ne ferai jamais rien pour aller contre ta volonté de trouver un nouveau challenge. Je sais ce que tu as apporté au club, je te respecte et je ferai tout ce qui est en mon pouvoir pour que tu puisses t'épanouir ailleurs. »

Nous sommes en janvier 2018, en pleine période du mercato. Mon agent s'active. Le Borussia Dortmund est intéressé par un prêt, mais la perspective de repartir de zéro dans un autre pays, avec tout ce que cela implique, ne me tente pas. Jennifer partage mon avis, d'autant plus qu'elle est enceinte de neuf mois… L'AS Roma et le Séville FC se manifestent également, mais je ne donne pas suite. Je veux rester en Angleterre, pour ne pas bouleverser l'équilibre familial.

Par l'intermédiaire de mon ami Nordine, j'apprends que le coach de Chelsea, Antonio Conte, apprécie mon profil et envisage de me faire venir. Chelsea ! Le club anglais qui a remporté en dix ans le plus de titres, à égalité avec Manchester City ! Je suis flatté. Je récupère les coordonnées personnelles du coach et j'entre en contact avec lui. Son discours est clair. Je serai en concurrence avec un attaquant de pointe, Álvaro Morata, mais si je m'impose, nous pourrons faire un bon travail ensemble. Seule ombre au tableau : le bruit court qu'Antonio Conte ne s'entend pas avec ses dirigeants. Il lui reste un an de contrat avec Chelsea ; va-t-il le prolonger dans ces conditions ? Je prends le risque de me retrouver dans un club managé par un nouveau coach, qui ne m'aura pas choisi. Peu importe. J'accepte. Mon transfert est officialisé dans les ultimes heures du mercato, le 31 janvier 2018, pour une somme évaluée à 20 millions d'euros.

Chelsea

La première année à Chelsea se passe bien. Elle me permet de participer à la Coupe du monde en Russie. Le 5 février, je dispute mon premier match avec les Blues. Dix jours plus tard, j'inscris mon premier but face à Hull City, lors d'un match comptant pour les huitièmes de finale de la Coupe d'Angleterre. Je gagne la Cup avec mon équipe en marquant un très joli but en demi-finale, sous les yeux de mes deux frères, venus pour l'occasion. « Un but à la Messi », écrivent les journalistes.

Ce match m'a laissé un souvenir merveilleux. Il se déroule à Wembley, le cinquième plus grand stade du monde. Mythique ! Wembley est « mon jardin », mon stade porte-bonheur. Je suis sorti invaincu de tous les matchs que j'ai disputés ici, avec Arsenal ou Chelsea en FA Cup. Ce titre ne sauve pas Antonio Conte, limogé le 12 juillet 2018 et remplacé par Maurizio Sarri.

En août 2018, je retrouve mon club, après la victoire de l'Équipe de France en Coupe du monde. Je partage mon temps de jeu avec Álvaro Morata. Six mois plus tard, le nouvel entraîneur se sépare de mon coéquipier et fait venir son poulain, qu'il avait eu dans son équipe à Naples, Gonzalo Higuaín. Nouveau coup dur pour moi. Je ne suis pas dupe. Je sais que ce joueur remportera les faveurs du coach.

Mon temps de jeu diminue, mais j'ai les ressources mentales pour garder ma place et faire le boulot sur le terrain. Le coach me fait jouer principalement en Ligue Europa. J'inscris dix buts puis, le 29 mai 2019, jour de la finale contre Arsenal, je suis l'auteur d'un but, d'une passe décisive, et je provoque un penalty. Mon équipe remporte cette prestigieuse compétition face à mon ancien club, battu 4-1. Je m'impose sur la scène européenne et termine meilleur buteur de la Ligue Europa avec onze buts en quatorze matchs. Ce total fait de moi le meilleur buteur français sur une saison en coupe continentale.

Hélas, mes efforts et mes prestations ne suffisent pas. Le 4 juillet 2019, un nouvel entraîneur prend les rênes de l'équipe : Frank Lampard. L'histoire se répète. J'endure la concurrence sévère de deux attaquants : Michy Batshuayi et le jeune Tammy Abraham, qui a reçu l'année précédente le prix du meilleur joueur de Ligue 2 anglaise et terminé deuxième meilleur buteur avec son club, Aston Villa. Le coach va le privilégier à mes dépens. Il brille à chaque match. Mon temps de jeu se réduit, alors que se profile l'Euro 2020, un an plus tard. À cette époque, nous étions loin d'imaginer que la compétition serait retardée d'une année en raison du coronavirus.

Ma situation est similaire à celle que j'ai connue à Arsenal. Je subis, une fois encore, la pression de Didier Deschamps : « Olivier, je sais ce que tu apportes à l'Équipe de France, mais si tu n'augmentes pas ton temps de jeu, je ne pourrai pas te sélectionner pour l'Euro. »

Nous commençons à peine la saison. Je ne désespère pas. Il reste beaucoup de matchs à jouer. Je pars avec un handicap, celui de ne pas être l'attaquant numéro 1. Je ne suis pas en position de force. Je suis motivé, je relève les manches pour récupérer ma place. En vain... Dès le premier match de championnat, je découvre que Frank Lampard veut faire jouer le jeune attaquant de vingt et un ans en pointe. Je me retrouve numéro 2, remplaçant sur le banc. Nous perdons 4-0 à Manchester United.

Le coach me laisse ma chance en Super Coupe d'Europe. Je fais un bon match, je marque, mais nous perdons aux penalties. Je suis de nouveau titulaire le match suivant. Malgré une bonne prestation, je sors à la 60e minute. Je ne rejouerai plus dans le 11 de départ jusqu'au 30 novembre 2019. Entre-temps, Abraham explose. Il marque deux doublés et un triplé en quatre matchs. Il s'impose définitivement comme le numéro 1 de l'équipe. Je ne participe quasiment plus aux matchs, l'équivalent d'un match et demi en quatre mois. Mi-octobre, Chelsea doit jouer à l'extérieur, à Southampton. Le coach vient me voir : « Pour ce déplacement, je ne prendrai qu'un seul attaquant sur le banc et je choisis Michy. » Coup de massue !

En octobre 2019, je suis appelé en Équipe de France pour un rassemblement. Avant de rejoindre les Bleus, je tiens absolument à m'expliquer avec mon coach, Frank Lampard. Face à ma détermination, il me laisse entendre que, à mon retour de sélection, les choses s'arrangeront pour moi et qu'il me donnera ma chance. Je lui fais confiance, tout en le prévenant que si, en janvier, ma situation ne s'améliore pas, je serai dans l'obligation d'envisager un départ. Je ne peux pas me contenter d'être relégué au rang de troisième attaquant. Je suis un compétiteur, j'ai besoin de jouer, et, surtout, un challenge m'attend avec l'Équipe de France en juillet 2020, probablement le dernier de ma carrière internationale. Je ne veux pas le louper. Et puis, j'ai envie d'être heureux. Je ne le suis plus.

Privé de compétition

À mon retour de sélection, j'attends un mois pour retrouver le terrain comme titulaire, le 30 novembre contre West Ham, car Abraham est blessé. Puis plus rien. Je traverse un mois de décembre compliqué. Le coach me prend dans le groupe, mais fait jouer Batshuayi. Je n'entre jamais sur le terrain, je me morfonds sur le banc. Je me sens impuissant. Terrible sensation d'être inutile.

Je suis plus agacé que réellement affecté par cette situation. Je ne perds pas confiance en moi. Je connais les raisons de ma mise à l'écart. Mes qualités d'attaquant ne sont pas remises en cause, je sais ce que j'apporte à mon équipe, mais suis simplement soumis aux choix d'un entraîneur qui préfère mettre à ma place un jeune aux caractéristiques différentes… Je suis fatigué d'être suspendu à la décision d'une personne. Un champion du monde qui, en dépit de son titre, doit repartir de zéro.

État de tension extrême. J'ai peur de passer à côté de l'Euro. Au-delà de ça, j'ai envie de jouer. Je ressens ce manque dans mon corps et dans ma tête. Malgré moi, je suis privé de compétition, de championnat. C'est horrible ! Les week-ends, dans mon salon, je regarde les matchs de mon équipe à la télé. Je continue malgré tout à m'entraîner, même quand l'équipe part en déplacement.

Il est urgent que je quitte Chelsea. Le 1er janvier 2020, début du mercato, je suis sur le marché. Les clubs sont au courant de ma situation et contactent mes agents. À commencer par Lyon. Leur proposition est ferme et sérieuse. Je discute avec le président Aulas ainsi que son conseiller, Gérard Houllier, puis avec l'entraîneur Rudi Garcia, qui m'offre une place de titulaire. La proposition est alléchante. Je la refuse, cependant : même si l'Olympique Lyonnais est une grande équipe française, je privilégie un challenge à l'étranger pour découvrir un nouvel horizon et me battre pour un nouveau titre de champion ailleurs. En France, j'ai la chance d'avoir déjà obtenu ce titre avec le club de Montpellier. Il ne s'agit pas seulement d'une question d'argent, même si ce critère entre en ligne de compte. Lorsque je choisis un club, je regarde d'abord le projet sportif, la qualité de vie pour ma famille – le salaire vient ensuite.

La raison principale de mon refus est tout autre. Je l'évoque devant les dirigeants de Lyon en leur demandant de ne pas divulguer mes propos à la presse, par crainte de provoquer une polémique. Je la révèle aujourd'hui dans mon livre par souci d'honnêteté et de transparence. Je ne me voyais pas jouer dans le club qui a fait naître Karim Benzema. On m'a toujours opposé à ce joueur avec lequel, je le répète, je n'ai aucun problème. Mais depuis 2015, date à laquelle je suis devenu titulaire en Équipe de France, certains supporters sont divisés. D'un côté les pro-Giroud, de l'autre les pro-Benzema, qui gardent à mon égard une rancune tenace, me reprochant d'être la cause de son absence en Équipe de France.

Je savais que, en signant à Lyon, je prenais le risque, pour ma famille et moi, de vivre des moments difficiles. Je ne voulais pas prendre ce risque, nous propulser dans un climat que j'imaginais hostile.

L'Inter Milan, la cruelle déception

Lyon n'est pas le seul club sur les rangs. D'autres clubs français s'intéressent à moi, mais aussi et surtout :

l'Inter Milan. Nous commençons à discuter. Ce club me séduit par son projet sportif, il vise le titre de champion d'Italie. Je mets la pression à Micha (Michaël), mon agent, qui se rend à plusieurs reprises en Italie et négocie mon contrat. De ce côté-là, tout va bien. Il va ensuite à Chelsea pour négocier avec Marina, le bras droit du président Abramovitch.

Mon transfert s'élève à 7 millions d'euros. Un prix nettement moins élevé qu'auparavant : j'ai déjà trente-trois ans et il ne me reste que six mois de contrat avec Chelsea. Les deux parties sont plus ou moins d'accord sur les modalités financières quand un problème surgit. Chelsea accepte de me laisser partir à la seule condition qu'on me trouve un remplaçant. Je ne joue plus, mais l'entraîneur Lampard ne veut pas prendre le risque de se retrouver sans attaquant en cas de blessure d'un joueur. Je ne comprends pas pourquoi il se réveille si tard. Il sait depuis plusieurs mois que je vais partir.

Le temps presse. Nous sommes le 20 janvier et le mercato se termine le 31 à minuit. Je passe des heures au téléphone avec Michaël. Je suis suspendu aux nouvelles vingt-quatre heures sur vingt-quatre. Tout est finalisé avec Milan, il ne reste plus qu'à trouver mon remplaçant à Chelsea. Dans ma tête, j'ai déjà quitté l'Angleterre. Les jours passent… Un appel d'Italie vient contrarier un peu plus mes plans. Milan doit vendre un joueur à l'AS Roma pour me laisser la place. Un problème découvert lors de la visite médicale l'empêche de concrétiser son transfert. Mon départ à Milan est remis en question. Je passe par tous les états. Je prie beaucoup.

À quelques jours de la fin du mercato, le problème se résout et je reprends espoir. J'ai la certitude que je vais rejoindre Milan. Jennifer et moi sommes sur le pied de guerre, prêts à déménager au feu vert de mon agent. Nous commençons à envisager la scolarité de nos enfants en Italie, notre futur appartement. Nous nous projetons dans notre nouvelle vie. Mais quatre jours à peine avant l'échéance du 31 janvier, le ciel me tombe sur la tête. J'apprends que l'Inter Milan voulait également acheter Christian Eriksen. Le club disposait d'une enveloppe pour nous acheter, lui et moi. Le 27 janvier, le directeur sportif appelle mon agent et lui annonce qu'ils ont dépensé la totalité de leur budget pour Eriksen. Ils n'ont plus les moyens de me faire venir. Je n'y crois pas. En quelques minutes, tous mes projets sont anéantis. Je n'ai plus d'avenir. L'Euro, encore programmé en juin 2020, s'éloigne à grands pas. Je suis abattu.

Je reçois une seconde prophétie. Elle m'annonce que je ne dois pas m'accrocher à mon envie de partir ailleurs. Je suis perdu. Cet ascenseur émotionnel d'un mois m'a épuisé. Mon agent m'appelle : « Que fait-on ? Tu prends le risque de rester à Chelsea ou tu veux te donner toutes les chances de jouer l'Euro ? » Sans hésiter, je lui réponds : « Il faut absolument que je parte. »

Le compte à rebours

Il nous reste quatre jours pour trouver une solution. Michaël se remet au travail. Les clubs, au fait de ma situation, se manifestent à nouveau. Tottenham – le rival d'Arsenal – est prêt à me faire signer. Aston Villa aussi, et la Lazio de Rome qui envoie son directeur sportif à Chelsea pour me témoigner son intérêt et convaincre mon coach de me laisser partir. Même l'homme d'affaires et président du club de Rennes, François-Henri Pinault, m'appelle en direct : « Je n'ai pas l'habitude de procéder comme ça, me dit-il, mais nous avons un beau projet et nous aimerions te faire venir. » Les clubs se tiennent prêts, ils attendent. Ma famille et ma belle-famille me soutiennent, je reçois des appels de mes coéquipiers, Benjamin Pavard, Laurent Koscielny, Mathieu Debuchy, Hugo Lloris et d'autres, qui m'encouragent à garder espoir. Je fais le pied de grue devant le bureau de Frank Lampard. Tous les matins, avant la séance d'entraînement, je le harcèle. Je remue ciel et terre, mais rien n'y fait. Inlassablement, la même réponse : « Si je trouve quelqu'un, tu pars, sinon tu restes ici. » J'ai le sentiment qu'il joue avec ma carrière. Il ne pense qu'aux intérêts du club. Plus les jours avancent, plus je sens que l'issue ne sera pas celle que je souhaite. Je m'entraîne quand même. Irréprochable jusqu'à la fin.

Le matin du 31 janvier, quelques heures avant la fin du mercato, mon équipe se déplace pour un match. Le coach m'annonce que je ne fais pas partie du groupe : « Tu vas rester ici, me dit-il, on ne sait jamais si les choses se décantent dans la journée, tu auras le temps de signer. » Cet après-midi-là, les heures défilent à une vitesse déconcertante. Rien de nouveau. C'est fini.

Y croire à nouveau

Je suis au fond du trou. Prostré, pas même capable de réagir. Ma famille parvient à me changer les idées. Mon naturel reprend vite le dessus. Je m'interdis de me morfondre, de m'apitoyer sur mon sort. Je refuse de voir mon avenir en noir. Je fais le deuil, je relève la tête et j'avance. Je dois renverser la tendance. J'enclenche un état d'esprit positif, j'y crois à nouveau. Les mois à venir seront, quoi qu'il arrive, excitants : jouer le maximum de matchs avec Chelsea, atteindre les objectifs fixés avec mon club, notamment en Coupe d'Europe, disputer l'Euro avec l'Équipe de France.

Je décide de faire confiance à mon coach. Il m'assure qu'il me donnera ma chance dans les semaines à venir, me promet qu'il m'offrira davantage d'opportunités. Je le crois d'autant plus qu'il s'est exprimé face à la presse. Il s'est positionné publiquement et a assumé ses responsabilités.

Le 17 février marque mon retour dans le groupe. Je suis remplaçant contre Manchester United. Après deux mois et demi sans jouer, j'éprouve le bonheur intense de fouler la pelouse. J'ai une pensée pour Jésus. Je fais une bonne entrée et, à la 70e minute, je marque un but, refusé pour hors-jeu. Cinq jours plus tard, le coach me titularise pour la rencontre contre Tottenham. Je me lance à corps perdu dans le match. À la 15e minute, je fusille d'une frappe sèche mon ami et coéquipier en Équipe de France, Hugo Lloris, gardien de l'équipe adverse. Le but de la délivrance ! Je laisse éclater ma joie, je suis un revenant ! Quelques minutes après le coup de sifflet final, mon coach est interviewé : « La façon dont Olivier Giroud a joué a été fantastique et le travail qu'il a fait pour nous aussi. Je sais que je peux compter sur son professionnalisme et ses qualités. Il a été très bon. Il m'a donné évidemment beaucoup à réfléchir. »

Je suis à nouveau titularisé en Ligue des Champions contre le Bayern de Munich, un match difficile face à une équipe allemande nettement supérieure. Je ne marque pas, nous nous inclinons 3-0. Paradoxalement, j'y crois plus que jamais. L'avenir me donne raison. J'enchaîne trois matchs de championnat comme titulaire, malgré le retour de blessure de Tammy Abraham, l'attaquant numéro 1 de Chelsea. Deux matchs au cours desquels je suis décisif, puis le troisième, contre Everton, au cours duquel je marque. C'est un nouveau départ. Rien ne peut m'arrêter. Rien… si ce n'est l'imprévisible, l'impensable…

Le cataclysme

Le 8 mars, nous n'imaginons pas un instant que le match contre Everton sera le dernier…

Quelques semaines auparavant, j'ai entendu parler d'un virus qui circule à Wuhan. Dans un premier temps, j'avoue n'y avoir pas prêté grande attention. C'est en Chine, loin de nous. Mais un détail m'interpelle : les gouvernements ordonnent de restreindre les grandes manifestations dans leur pays. Cela implique aussi les matchs de foot. Certaines rencontres sportives se sont déjà déroulées à huis clos. Je commence à prendre les choses au sérieux et à me poser des questions : notre fin de saison sera-t-elle bouleversée ? À quoi ressembleront les mois à venir ?

Les réponses ne se font pas attendre : le médecin du club nous convoque pour évoquer la situation et nous sensibiliser à une nouvelle façon de nous comporter. Plus le droit de se serrer la main, gel hydroalcoolique à disposition, etc. Nous poursuivons cependant les entraînements dans des conditions normales jusqu'au 12 mars, date à laquelle nous apprenons que Mikel Arteta, le coach d'Arsenal, est contrôlé positif à la Covid-19, puis, dans la foulée, Callum Hudson-Odoi, l'un de mes coéquipiers à Chelsea. Coup d'arrêt. Toute l'équipe est mise en quatorzaine. Nous sommes invités à rentrer chez nous et à y rester confinés. Les Anglais continuent de vivre normalement.

Je rejoins ma femme et mes enfants à la maison. Je n'imagine pas que ce confinement se prolongera bien au-delà de quatorze jours. Les événements s'accélèrent. Boris Johnson, le Premier ministre anglais, décide de se rallier aux pays européens et demande à tous les citoyens de rester chez eux. Les entreprises ferment leurs portes, les restaurants, les bars, les écoles. La vie s'arrête. Le foot aussi.

Jennifer et moi expliquons la situation aux enfants. Jade, l'aînée, comprend. Les deux petits, un peu moins. Nous restons rivés aux infos qui nous parviennent en rafales. Les nouvelles sont inquiétantes, le virus se propage. Je pense à mes proches qui, pour certains, ont plus de soixante ans et font partie des personnes à risque. Je suis inquiet pour eux, même si je sais qu'ils restent prudents.

Je n'ai curieusement pas peur pour moi alors que je me suis trouvé en contact direct avec un joueur porteur du virus, donc contagieux. Jeune et en bonne santé, il ne peut rien m'arriver. Je suis en relation téléphonique avec mes potes. Certains sont « touchés », notamment Blaise Matuidi qui ne s'est jamais rendu compte qu'il avait contracté le virus. À aucun moment, je ne m'isole de ma famille. Je continue d'embrasser mes enfants et de dormir dans le même lit que ma femme.

Les jours passent et la perspective de reprendre mon métier s'éloigne à grands pas. Le club anticipe la situation : il nous fait livrer un vélo d'intérieur puis nous envoie un programme sportif à faire à la maison – exercices de renforcement musculaire avec les moyens du bord, musculation du bas du corps et courses pour le cardio. Il est indispensable que nous nous maintenions en forme. Je pars donc courir dans le parc près de la maison, tous les deux jours. Le gouvernement nous l'autorise, à condition que nous prenions toutes les précautions nécessaires. Deux fois par semaine, des *video calls* sont organisées en présence de toute l'équipe. Nous nous retrouvons virtuellement, mais avec plaisir, pour suivre les consignes du préparateur physique qui nous fait travailler les abdos et le gainage.

J'ai besoin de prendre l'air, de me dépenser. Je n'ai pas l'habitude de rester enfermé. À l'initiative de mon ami Lars, chargé d'organiser les sorties, j'accepte de découvrir les joies du vélo. Contre toute attente, je me découvre un goût pour ce sport. Je parcours soixante à soixante-dix kilomètres en une journée avec mes amis Robert Pirès, le tennisman Jérémy Chardy et Romain Rousset, je suis physiquement éprouvé, je me pousse dans mes derniers retranchements, mais je prends du plaisir à pédaler. Ces sorties me procurent une bouffée d'oxygène. Je prends ma revanche sur mes potes, meilleurs cyclistes que moi, lors des footings au parc. Particulièrement bien entraîné grâce au programme sportif établi par le club, ils peinent à me suivre.

Je parviens à pratiquer environ dix heures de sport par semaine. Mon corps ne souffre pas : ma tête, si. Le foot me manque, la compétition, l'adrénaline des matchs, mes potes et l'équipe. Je m'entraîne seul. Je ne touche pas un ballon ni ne chausse les crampons pendant deux mois. Ça ne m'est jamais arrivé, j'avoue que c'est difficile. Je réalise à quel point ma vie de footballeur est essentielle à mon équilibre.

Ce confinement a cependant ses bons côtés : je partage le quotidien de ma famille. Je n'y suis pas habitué. Je prends le temps de m'occuper de mes enfants, de cuisiner avec eux. Je les regarde vivre. Je m'enrichis à leur contact. Enfermés aussi, il est difficile de les occuper H 24, alors nous nous autorisons chaque jour une sortie dans le jardin privé de l'immeuble. Nous jouons entre nous, sans aucun contact avec qui que ce soit.

Prise de conscience

Cette période, si particulière, a provoqué chez moi une prise de conscience sur le monde. Une prise de conscience écologique, qui me donne envie de m'engager davantage pour cette cause. J'ai constaté, comme la plupart des gens, que la nature avait repris ses droits, que la pollution avait diminué considérablement. Ce virus, violent pour l'humanité, a offert quelques mois de répit à notre planète. D'un côté la mort, de l'autre la renaissance… J'ai compris qu'il fallait prendre ce qui nous arrivait non pas comme une punition, mais comme un avertissement. S'arrêter un instant pour regarder autour de soi et prendre soin de ce qui nous entoure. Se recentrer, aussi, sur la famille et ceux qu'on aime. Cet événement nous a montré à quel point la vie est fragile, donc précieuse. À nous, aujourd'hui, d'en tirer les leçons. Apprendre à relativiser et profiter de l'instant présent quand on a la chance d'être en bonne santé. Ce que j'écris semble évident, certes, mais pris dans le tourbillon de notre quotidien, nous avons tendance à oublier l'essentiel. Finalement, ce virus nous a donné un répit nécessaire pour réfléchir.

Y aura-t-il un avant et un après? Je ne sais pas… je l'espère.

Chelsea, l'histoire continue

J'ai arrêté le foot par la force des choses, sans oublier ma carrière et mon avenir. Avant le confinement, je nourrissais l'espoir de renverser la tendance pour rester à Chelsea. Une fois n'est pas coutume, je me suis battu pour retrouver ma place sur le terrain et j'ai fini par la gagner. Le coach, Frank Lampard, a tenu sa promesse de me donner ma chance, j'ai su la saisir et me montrer digne de la confiance qu'il avait en moi. À la fin du mois de mars 2020, la question de partir ailleurs ne s'est plus posée. Mon agent a contacté le club pour connaître ses intentions me concernant. Sans hésitation, les dirigeants ont fait part de leur volonté de me garder. Mon contrat a été prolongé de deux ans – dont une option d'un an supplémentaire –, puis officialisé le 20 mai. Je suis satisfait, rassuré. Mes aventures avec Chelsea ne sont pas terminées.

Début mai, notre coach organise une réunion à distance pour prendre de nos nouvelles et savoir si nous nous sentons prêts à revenir. Je suis prêt. Nous reprenons les entraînements le 18 mai, par groupes de cinq, sans petits matchs ni compétitions en groupe. Ce n'est que début juin que la vie sportive reprend véritablement son cours normal... à quelques détails près. Chaque matin, au réveil, nous sommes tenus de prendre notre température, puis de répondre par oui ou par non à un questionnaire envoyé sur notre téléphone : toux, courbatures, problèmes de respiration, maux de gorge... Avant d'entrer sur le stade pour l'entraînement, une fois encore, notre température est prise. De plus, les clubs de Premier League sont soumis au test PCR tous les trois jours. C'est la condition pour jouer.

Malgré la situation, je suis heureux d'avoir enfin retrouvé le terrain. Le 21 juin, jour de la fête des pères, nous jouons notre premier match après confinement contre Aston Villa. Je marque un but, que je dédie à George Floyd, cet homme mort sous les coups des policiers aux États-Unis, et au mouvement BLM, *Black Lives Matter*.

L'Euro 2021

Je ne suis pas au bout de mes peines. Je dois plus que jamais m'imposer et prouver que je mérite de participer à l'Euro 2021 avec l'Équipe de France. J'aurai trente-quatre ans et demi. Comme toujours, je suis convaincu que mon destin est entre mes mains. Une année de plus ne changera rien. Les événements extérieurs n'auront aucune prise sur mon avenir et ne feront pas la différence. Il ne tient qu'à moi d'atteindre mon objectif. Si je suis performant, si j'ai le temps de jeu nécessaire, j'aurai toutes les chances d'être sélectionné pour cette grande aventure, peut-être ma dernière avec les Bleus…

8

L'Équipe de France

Et un, et deux, et trois zéro…

12 juillet 1998, j'ai onze ans, c'est la Saint-Olivier. Je suis à Cavaillon chez mon cousin pour regarder la finale de la Coupe du monde. France-Brésil. Peinturluré aux couleurs du drapeau français, je trépigne sur le canapé. Je me lève, j'invective les joueurs comme s'ils pouvaient m'entendre, je tremble à la moindre accélération des Brésiliens. Ils peuvent revenir au score à chaque instant. J'admire le génie de Zidane et son efficacité devant le but, la technique de Youri Djorkaeff, mais aussi le travail de Didier Deschamps. C'est un joueur plus sobre techniquement, plus discret sur le terrain. Je remarque son charisme. Il faut connaître le foot pour se rendre compte de l'importance de son poste dans l'équipe. Un poste parfois ingrat où le joueur se sacrifie pour les autres. Didier Deschamps ne brille pas, il contribue à faire briller ses coéquipiers. Il abat, dans l'ombre, un travail impressionnant.

Quelques minutes avant le coup de sifflet final. Je ne suis toujours pas rassuré. Emmanuel Petit nous délivre en marquant le troisième but. Nous sautons dans les bras les uns des autres, nous hurlons de joie et entonnons la *Marseillaise* à tue-tête. Nous sortons en ville nous mêler à la foule en délire. Nous scandons le nom de Zidane, dont le visage s'est affiché sur l'Arc de triomphe. Le héros de cette finale. Le héros tout court.

Quelques jours auparavant, peut-être lors de la demi-finale, mes amis, les jumeaux Johann et Damien Almodovar, m'avaient rappelé que, lorsque j'étais petit, je leur avais confié qu'un jour je serais champion du monde. Comme tous les enfants passionnés de foot, je rêve de devenir Zidane ou Pirès, et de soulever la Coupe. Pourtant, j'ai joué très longtemps sans objectif précis, si ce n'est celui de taper le ballon avec mes potes. C'est seulement vers l'âge de seize ou dix-sept ans que j'ai commencé à envisager une possible carrière dans le football.

Clairefontaine

À quatorze ans, une occasion inespérée se présente. Je gagne la Coupe interdistrict, qui regroupe les sélections du Rhône, de la Savoie, de l'Ardèche et de l'Isère. J'appartiens à la sélection du district de l'Isère. Par la suite, les meilleurs joueurs des districts Rhône-Alpes – dont je fais partie avec mon ami Alexis Lafon – sont sélectionnés pour jouer une Coupe nationale (une sorte de Championnat de France) à Clairefontaine, le centre d'entraînement de l'Équipe de France. L'antre sacrée de l'élite du football français.

Je franchis les grilles pour la première fois de ma vie. J'en prends plein les yeux. Plusieurs terrains de foot à la pelouse parfaitement tondue occupent toute la partie gauche. Un peu plus loin, j'aperçois un panneau : salle de presse. J'imagine qu'il s'agit de l'endroit où les joueurs et l'entraîneur accordent leurs interviews. Au fond de cet immense parc s'élève un château, le fameux château qui abrite l'Équipe de France lors des rassemblements. Nous n'avons pas l'autorisation d'y pénétrer, je l'admire de loin et je me prends à rêver. Les rappels à l'ordre de mon coach me tirent de mes pensées. Il est temps de s'entraîner.

Au cours des différents matchs, des observateurs de la Fédération française de football, des entraîneurs d'équipes de jeunes, des recruteurs et des agents sont présents en tribunes. Nous gagnons la Coupe nationale. Je marque deux buts en finale et termine meilleur buteur. Quelques jours plus tard, la Fédération fait savoir à mon club – le Grenoble Foot 38 – que je suis sélectionné, lors des vacances scolaires suivantes, pour faire un stage à Clairefontaine. Hugo Lloris, Yoann Gourcuff et Yohan Cabaye sont aussi de la partie. Au terme de ce stage, je rejoins Grenoble. Je poursuis mon chemin.

Je ne suis pas retourné à Clairefontaine avant ma première sélection en Équipe de France.

Premier pas chez les Bleus

À cette époque, le coach de l'Équipe de France s'appelle Laurent Blanc. Le champion du monde 1998 est appelé en urgence pour succéder à Raymond Domenech au poste de sélectionneur après la Coupe du monde 2010 à Knysna, en Afrique du Sud, où – tout le monde s'en souvient – les joueurs ont fait grève. Laurent Blanc est face à un immense chantier : créer un nouveau projet sportif, renouer avec le public et redorer l'image d'une équipe en lambeaux. Cette nouvelle ère marque le retour de Philippe Mexès, Karim Benzema, Samir Nasri... Des joueurs comme Adil Rami et Yohan Cabaye sont appelés pour la première fois. L'objectif est simple : qualifier l'équipe pour l'Euro 2012.

La saison 2010 est mitigée. Au terme de l'année suivante, les Bleus gagnent quinze matchs d'affilée et se qualifient. Au mois de novembre 2011, l'Équipe de France commence sa préparation pour l'Euro en affrontant la Belgique et les États-Unis au Stade de France.

J'ai vingt-cinq ans et j'entame ma deuxième saison à Montpellier. Je suis au top de ma forme et de mes performances. Quelques indiscrétions m'apprennent que Laurent Blanc pense à moi pour rejoindre les Bleus. Formé à Montpellier, il a gardé de nombreux amis là-bas, qui me laissent entendre que je vais être convoqué. Je ne reçois aucun appel. J'apprends ma sélection lorsque s'affiche la liste des joueurs à la télé. La consécration. Mon rêve de gosse, le plus grand, le plus beau, le plus inespéré.

Novembre 2011, me voici de retour à Clairefontaine. Cette fois, le taxi me dépose au pied du château. Je suis impressionné. Une énorme Coupe du monde trône au centre de la pelouse, en référence à la victoire de 98. Les souvenirs me reviennent.

Je suis accueilli par Laurent Blanc qui me prend sous son aile. C'est un homme calme, réservé, posé. Il forme un binôme très complémentaire avec son adjoint,

Jean-Louis Gasset, qui anime les séances d'entraînement et joue régulièrement le rôle d'« aboyeur », sur le terrain, quand un recadrage s'impose.

En 2012, lorsque des problèmes internes sur lesquels je ne souhaite pas m'étendre sont survenus au sein de notre équipe, je me suis rendu compte que Laurent Blanc n'était pas le genre d'homme à taper du poing sur la table. Non par manque d'autorité, mais parce qu'il voulait que chacun, au sein du groupe, prenne ses responsabilités. Le coach était parfois beaucoup trop gentil. Certains jeunes joueurs de l'époque pensaient avoir saisi une faille dans cette façon de faire et en profitaient.

En tout cas, très humain, dès mon arrivée au château.

Après les présentations, Guillaume Bigot, le cameraman de l'Équipe de France qui recueille les premières réactions des joueurs à leur arrivée propose de me faire visiter ma chambre et les infrastructures du lieu. Vient l'heure du déjeuner. Les places ne sont pas attribuées, mais les joueurs occupent presque toujours la même. Je cherche une chaise vide pour m'asseoir. Je suis à côté de Bacary Sagna, que je n'ai jamais vu jusque-là.

J'ai la conviction que, pour m'intégrer au groupe, c'est à moi d'aller vers les autres. Je suis plutôt sociable, j'aime échanger, discuter, je n'ai pas de difficultés lors de ce premier repas. Les coaches sont très attentifs à notre capacité d'intégration dans le groupe. Mes coéquipiers me facilitent la tâche. J'en connais déjà quelques-uns, avec lesquels j'ai déjà des affinités naturelles, comme Debuchy, qui deviendra le parrain de mon fils Evan, Cabaye, Koscielny et Lloris.

Je me souviens en particulier de Patrice Évra, qu'on surnommait « tonton Pat » car il faisait partie des joueurs les plus âgés. Patrice traînait derrière lui une mauvaise réputation. Il avait été le capitaine de l'Équipe de France 2010 et donc le porte-drapeau de la grève de Knysna. En apprenant à le connaître, j'ai découvert un mec bien, entier et généreux. Il fait partie de ceux qui ont facilité mon intégration.

Lorsque je suis devenu un « ancien » de l'Équipe de France, j'ai pris soin d'accueillir les nouveaux arrivants. Florian Thauvin, par exemple. Il n'a que vingt-quatre ans à son arrivée et semble intimidé par le lieu. Je le connais un peu, nous avons déjà joué l'un contre l'autre. Je le salue : « Félicitations pour ta sélection. Bienvenue ! » Je sais, pour l'avoir vécu, que ces mots sont réconfortants.

Je n'ai pas le loisir de me laisser aller à mes états d'âme, les événements me bousculent.

Le 11 novembre 2011, j'entre en jeu à la 55e minute contre les États-Unis, sur la pelouse du Stade de France. Les supporters sont silencieux, seuls quelques chants émergent des tribunes. La colère et la rancune du public, liées aux événements de Knysna, sont encore palpables. Peu de gens viennent nous soutenir lors de l'Euro 2012, en Pologne et en Ukraine. Nous avons perdu leur confiance. Seules les victoires et un comportement irréprochable sur et en dehors du terrain pourront nous réconcilier avec les Français.

Je joue mes deux premiers matchs comme remplaçant, en doublure de Karim Benzema. Le 29 février 2012, je suis titularisé en son absence et marque mon premier but en Équipe de France lors du match amical face à l'Allemagne. En mai 2012, je fais partie des joueurs sélectionnés pour participer à l'Euro, toujours en remplaçant de Karim Benzema, qui ne marque aucun but durant la compétition. Puis j'enchaîne les sélections. Je reste l'attaquant numéro 2, et, par conséquent, je bénéficie de peu de temps de jeu.

Didier Deschamps

Juin 2012. Laurent Blanc quitte l'Équipe de France. Le bilan de son mandat est assez positif au niveau sportif, mais la réconciliation entre les Bleus et le public n'est pas encore amorcée. Nous traînons l'héritage de Knysna. Didier Deschamps devient le nouveau sélectionneur national. Dès sa première conférence de presse, il met les choses au clair. Pour lui, faire honneur au maillot et à la patrie passe au-dessus de tout. Il prône le sens du collectif, l'esprit de groupe, mais aussi la mentalité de chacun de nous. « Les joueurs n'ont plus le droit à l'erreur, martèle-t-il. Si j'estime qu'un joueur peut mettre en péril ces valeurs, ma fonction sera de trancher. »

Le ton est donné.

Le coach bénéficie d'une aura et d'une légitimité liées à sa carrière et à son palmarès que nous rêvons tous d'égaler. Il jouit d'un charisme et d'une autorité naturelle qui lui permettent de ne jamais élever la voix quand il s'adresse à nous lors de moments critiques. C'est un homme de communication, un manager à la force de persuasion impressionnante. Il nous inculque le culte de la gagne par des mots simples, mais toujours bien choisis, et nous fait comprendre que nous sommes tous importants – les vingt-trois, pas seulement les onze sur le terrain. Chacun de nous a un rôle à jouer pour contribuer à la victoire.

J'apprécie par-dessus tout son côté humain. Didier Deschamps s'efforce de connaître l'homme derrière le joueur. Il conseille sans jamais rien imposer, décortique chaque situation pour nous trouver la meilleure solution. Lorsqu'un joueur rencontre un problème, il demande à le voir pour s'entretenir avec lui en tête à tête dans le salon du château, où peu de monde circule. C'est ce qu'il a fait avec moi lorsque mon temps de jeu à Arsenal puis à Chelsea était insuffisant pour que j'espère participer à une compétition internationale. Il ne s'immisce jamais dans notre vie personnelle, sauf s'il considère qu'elle a un impact négatif sur notre travail, par exemple notre hygiène de vie. Mais, là encore, il ne se limite qu'à donner son avis : « Je te dis ce que j'en pense, tu en fais ce que tu veux. »

Avec le coach, c'est donnant-donnant. Nous devons lui rendre sur le terrain la confiance qu'il nous témoigne. Le jour où il me titularise en huitième de finale de la Coupe du monde 2014 face au Nigeria, il m'envoie un signal fort, un signe de confiance. Je dois me montrer à la hauteur des espoirs qu'il place en moi. Nous nous pratiquons depuis 2012, je sais aujourd'hui ce qu'il attend de moi et il sait ce que je peux apporter à l'Équipe. Avec les années, nous avons appris à nous connaître et à nous dire les choses. Lorsqu'il est mécontent, je le vois à son regard, mais jamais il ne dévalorisera un joueur s'il défaille ou fait une erreur lors d'un match, de la même façon qu'il ne l'encensera pas dans la situation inverse.

Le coach inspire le respect. Nous ne l'appelons jamais Didier, mais coach – comme d'ailleurs tous les entraîneurs. Nous le vouvoyons, lui nous tutoie. Nous sommes très respectueux de la hiérarchie, ce qui ne nous empêche pas de le chambrer s'il glisse sur le terrain ou rate un centre lors des séances d'entraînement. Le coach a le sens de l'humour avec, en plus, cette particularité d'être très moqueur. Nous savons que si nous effectuons un mauvais contrôle ou une mauvaise passe, il ne nous loupera pas.

Tant sur le plan humain que sur le plan sportif, Didier Deschamps est le coach le plus important de ma carrière. Il m'a fait confiance et m'a offert de belles opportunités.

Dès son arrivée au poste de sélectionneur, nous comprenons que les choses vont changer. Il ne cesse de nous répéter : « Il n'y a rien au-dessus de l'Équipe de France. » Nous représentons notre pays, nous avons la chance d'appartenir à cette sélection et nous devons être conscients chaque jour de la responsabilité qui nous en incombe. Fiers de porter ce maillot bleu, notre comportement doit être exemplaire, et cela commence par la *Marseillaise*. Chacun, sans exception, doit la chanter. Il insiste également sur l'attitude à adopter à l'égard de notre public : respectueuse et humble. Enfin, nous devons faire preuve de professionnalisme, penser au collectif avant de penser à nous.

Forts de ces instructions, nous partons à la reconquête de notre public et de la victoire.

France-Ukraine

15 novembre 2013. Nous avons rejoint l'Ukraine pour un match de barrage comptant pour les éliminatoires de la Coupe du monde 2014. Perdu 2 buts à 0. Dans les vestiaires, qui ressemblent à un champ de ruines, règne un silence de mort. Didier Deschamps brise la torpeur : « On doit encore y croire. » Cette défaite compromet fortement nos chances de participer au Mondial et met en péril notre sélectionneur. Nous devons remporter le match retour, mais aussi réussir l'exploit de nous qualifier pour une Coupe du monde avec trois buts d'écart. Aucune équipe n'y est parvenue jusqu'à présent.

Difficile, mais pas impossible.

De retour à Clairefontaine, le coach nous réunit, après le dîner. « On s'est fait gifler », assène-t-il. Puis il parle de solidarité, d'espoir, de combat, d'équipe et de fierté. En dix minutes, tout est dit. La déception laisse place à la rage de vaincre. Nous pouvons le faire. Nous allons le faire. L'opération commando est lancée. Nous nous préparons mentalement, priant pour que le public français mette des parenthèses autour de sa rancœur et nous encourage. Nous avons besoin de sentir le pays derrière nous. Quelques heures avant le match, nous partons pour la traditionnelle promenade. Une cinquantaine de supporteurs nous attendent devant l'hôtel.

Le soir du 19 novembre, nous accueillons l'Ukraine au Stade de France. Je suis remplaçant, mais peu m'importe, c'est l'équipe qui compte, et cette qualification que nous devons absolument décrocher. À l'arrivée du bus, nous sommes surpris par la foule qui se presse dans l'enceinte du stade. Nous n'avons encore rien vu. Au sortir des vestiaires, le coach nous lance : « Allez les gars, mettez de la folie dans ce match ! » Lorsque nous émergeons du tunnel qui débouche sur le terrain, nous découvrons un stade bondé. La Fédération française a pris soin de placer sur chaque siège des petits drapeaux français qui flottent au vent. Les supporters sont survoltés et, avant même le coup d'envoi, ils nous encouragent en chœur, scandent nos noms, chantent à l'unisson. Fort, très fort. Les Français sont au rendez-vous.

Dès la première mi-temps, nous déployons un état d'esprit de guerriers. Nous gagnons quasiment tous les duels, nous créons de multiples occasions, nous sommes menaçants et dangereux. Mamadou Sakho marque le premier but. Nous ne nous enflammons pas. Tout reste à faire. Concentration. Douze minutes plus tard, Karim Benzema enfonce le clou avec un second but. Nous sommes désormais à égalité avec l'Ukraine. À la mi-temps, le coach lâche ces quelques mots : « On y est presque, continuez comme ça. »

72e minute : à l'image d'un Lilian Thuram, le défenseur Sakho, encore lui, plante le troisième but, celui de la victoire, qui nous qualifie pour la Coupe du monde 2014 au Brésil. Le stade se soulève, les supporters sont en transe. Il fait un froid glacial à Paris ce soir-là, mais personne ne songe à partir. Nous sommes en osmose avec notre public. Pris d'un élan patriotique, je m'empare gentiment du micro du speaker et j'entonne une *Marseillaise*. Le public la reprend. La ferveur dans le stade est palpable. C'est un moment de communion et d'émotion incroyable.

Le coach a les yeux humides : « Vous avez écrit votre histoire, nous dit-il, bravo ! Répondre présent, c'est une question de mental et d'envie. La qualité, vous l'avez. Savourez maintenant ! »

Ce match reste l'un des souvenirs les plus marquants de ma carrière. Nous savourons pleinement. Mais, très vite, les échéances nous obligent à retrouver notre concentration.

Karim Benzema

Karim est titulaire, moi remplaçant. Je continue ma progression dans l'équipe en recherchant le maximum de temps de jeu, en m'imposant d'être extrêmement performant afin de faire douter le coach et d'avoir ma chance. Je joue la concurrence, tout simplement.

Le 11 octobre 2013, je marque un doublé contre l'Australie. Le 27 mai 2014, un second doublé contre la Norvège. Le coach me titularise contre l'équipe de Géorgie lors des qualifications pour la Coupe du monde 2014. Karim ne marque plus. Il traverse une période de disette. Didier Deschamps a patienté longtemps avant de prendre cette décision, car il considère, comme nous tous d'ailleurs, que Karim Benzema est un excellent joueur. Le coach finit par me donner ma chance. Je la saisis. Je marque le 100e but de l'Équipe de France en phase finale de cette compétition.

Karim et moi avons joué trois ans et demi ensemble en Équipe de France et entretenu des rapports tout à fait normaux. Il ne fait pas partie de mes amis proches, comme Hugo Lloris, Laurent Koscielny ou Mathieu Debuchy. Je ne fais pas partie des siens non plus. Mais jamais ni lui ni moi ne prononçons un mot plus haut que l'autre, malgré la concurrence qui nous oppose à partir de fin 2013. Après l'entraînement du lundi, il nous arrive de nous retrouver tous ensemble au sauna. C'est un agréable moment d'échange.

Karim n'a aucune raison de m'en vouloir. À l'époque, il est incontestablement l'attaquant numéro 1. Je suis arrivé sur la pointe des pieds en 2011. Il est déjà bien installé à son poste. Les potentiels concurrents, dont Gignac, Gomis ou Gameiro, qui ont débarqué en Équipe de France, n'ont jamais réussi à le mettre sur le banc. Il ne craint pas pour sa place. Aucun joueur ne lui fait peur, y compris moi. Il commence à se sentir en danger à partir du moment où il ne marque plus – 1 222 minutes sans but. Le coach me titularise plus souvent. Je représente une menace plus importante et une alternative pour l'Équipe de France, d'autant que je sors d'une belle saison avec mon club d'Arsenal.

Bien sûr, j'aspire à devenir numéro 1, bien sûr, je veux jouer davantage de matchs, bien sûr, je veux que le coach m'offre des opportunités. Je l'assume. Je le revendique. Cela fait-il de moi un imposteur? N'est-ce pas légitime, de la part d'un compétiteur, de vouloir jouer? Non.

Mes relations avec Karim ne changent pas. La presse, en revanche, nous oppose, elle fait ses choux gras de cette situation, alimente une polémique qu'elle a fait naître. Les journalistes nous font passer pour des ennemis, que nous ne sommes pas, ils cherchent à me faire avouer que je veux prendre la place de Karim. Je fais très attention à ma communication, je pèse chaque mot. Je ne veux pas passer pour un prétentieux, un type trop sûr de lui. J'accepte cependant de répondre aux interviews, car je suis fier de porter ce maillot et heureux de m'exprimer au nom de l'Équipe de France.

En décembre 2015, un scandale éclate. Mathieu Valbuena aurait été approché par des maîtres chanteurs qui auraient tenté de lui extorquer de l'argent contre une vidéo compromettante. L'affaire dite « de la sextape ». Karim Benzema est mis en examen, suspecté d'être complice du chantage. Il ne sera plus convoqué en Équipe de France et je deviens logiquement titulaire à sa place. La polémique enfle. Les supporters se divisent en deux clans, le tout relayé par la presse sportive. Je ne culpabilise pas. Des joueurs qui ne sont plus sélectionnés, d'autres qui les remplacent, c'est le quotidien des footballeurs.

À quelques semaines du coup d'envoi de l'Euro 2016, je suis en enfer. Je deviens le bouc émissaire, la tête de turc des supporters des Bleus. En mai 2016, lors du match amical contre le Cameroun à Nantes, je suis la cible des critiques acerbes d'une partie du public. Une minorité, certes, mais très bruyante. Le matin, j'aperçois devant notre hôtel une pancarte brandie par un gamin : « Giroud, blesse-toi, STP ». Je comprends que le match à venir sera difficile, mais, naïvement, je me persuade que si je fais le boulot sur le terrain, je parviendrai à calmer la colère des supporters. Je suis loin d'imaginer ce que je vais endurer.

Les sifflets retentissent dans l'enceinte du stade dès que je touche le ballon. Je suis agacé, mais je ne me laisse pas déstabiliser. Je me défonce sur le terrain, je fais en sorte de ne commettre aucune erreur. À la 41e minute, je marque. Rien n'y fait. Les sifflets reprennent de plus belle. Je souffre de ce désamour du public français, que je vis comme une terrible injustice. Le lendemain, la presse titre : « Giroud, le mal-aimé ». Mes coéquipiers me chambrent en chantonnant « le mal-aimé », la chanson de Claude François. Je ris jaune.

Avec du recul, j'ai interprété l'agressivité des supporters comme de la peur. Peur que nous ne soyons pas assez compétitifs. Peur que nous ne parvenions pas à gagner. Peur que je ne sois la cause d'une défaite, d'un échec...

Pour autant, cinq ans après, j'entends encore des réflexions à ce sujet. Dès que l'occasion se présente, le débat est relancé. À chaque conférence de presse, Didier Deschamps sait qu'il va devoir justifier l'absence de Karim Benzema. Mon problème de temps de jeu pose inévitablement la question du retour de Karim, au cas où le sélectionneur ne me retiendrait pas. Si je manque d'efficacité sur un ou plusieurs matchs, ma légitimité au sein de l'Équipe de France est systématiquement remise en cause, peu importe que j'aie été utile à l'équipe. C'est épuisant !

Je n'ai jamais revu Karim. Ni lui ni moi n'avons cherché à entrer en contact. Peut-être un jour la vie nous mettra-t-elle face à face, et nous pourrons discuter, les yeux dans les yeux. Je respecte l'homme et le joueur qu'il est. Il évolue dans une équipe qui a gagné quatre fois la Ligue des champions. Ses qualités sont indéniables. Je n'ai aucun problème à reconnaître son talent. Mais chacun sait que, dans une carrière de sportif de haut niveau, le talent n'est pas l'unique paramètre pour atteindre les sommets.

France-Portugal 2016

Il est un sommet que nous avons effleuré. Je parle de la finale contre le Portugal à l'Euro 2016. Je ne referai pas le match. Tout a été dit sur les raisons qui nous ont fait perdre face à cette équipe. Étions-nous trop en confiance ? La réponse est non. Certains joueurs disputaient pour la première fois de leur carrière une finale de grande compétition internationale. Avions-nous déjà joué notre finale contre l'Allemagne, au match précédent ? Non plus, mais nous avions laissé beaucoup d'énergie dans cette rencontre. Nous avions eu malgré tout cinq jours pour récupérer. La blessure de Cristiano Ronaldo nous a-t-elle fait penser que la Coupe d'Europe était acquise ? Probablement. Inconsciemment, nous nous sommes peut-être dit que le meilleur joueur, le plus dangereux de cette équipe, étant HS, la victoire serait plus facile. Je pense surtout que cet événement a boosté l'équipe portugaise, privée de son buteur. Loin de s'effondrer, ils se sont remobilisés.

Ce match est le pire souvenir de ma carrière. La victoire nous tendait les bras. Nous jouons en France, devant notre public. Nous créons des occasions jusqu'à la dernière seconde, où le ballon, sur un tir de Gignac, heurte le poteau gauche. Puis nous perdons. Au coup de sifflet final, je m'effondre. Je suis en larmes, assommé. Tout est fini. Nous avons loupé l'occasion d'être champions d'Europe. Je n'imagine pas que, deux ans plus tard, nous serons champions du monde. Assis sur la pelouse, mes coéquipiers pleurent aussi.

En y réfléchissant, je pense que cette défaite a contribué à nous faire gagner la Coupe du monde. Nous ne voulions pas revivre le même cauchemar. Paul Pogba le dit, dans les vestiaires, quelques minutes avant de jouer la finale contre la Croatie : « Cette fois-ci, on ramène la Coupe ! Hors de question qu'on recommence comme en 2016 ! »

Le soir de la finale de l'Euro, en prévision de la victoire, la Fédération française avait prévu une soirée dans un grand hôtel du 16e arrondissement. Nous n'avons pas le cœur à faire la fête, mais nous nous y rendons malgré tout. Nos familles et nos amis nous rejoignent. Il fait chaud, une piscine extérieure trône au centre du palace. Personne ne s'en approche. Pas l'envie. Un magnifique buffet est dressé. Derrière ses platines, un DJ compatissant attend le feu vert pour démarrer. Il se contentera de mettre un fond musical. Nous dînons calmement, puis nous allons nous coucher, abrutis par la défaite.

Ma vie en bleu

Au fil du temps, l'Équipe de France est devenue une seconde famille, avec laquelle j'ai partagé des bonheurs intenses ponctués de moments plus difficiles. Je me suis fait ma place dans le groupe. Aujourd'hui, je fais partie des cadres. Des anciens. J'ai noué des liens forts avec des coéquipiers de ma génération, Hugo Lloris, Laurent Koscielny, Mathieu Debuchy, je l'ai dit, déjà. J'ai de réelles affinités avec des jeunes, arrivés plus tard : Lucas Hernandez, Florian Thauvin et Benjamin Pavard. Et puis, Paul Pogba, Antoine Griezmann, Blaise Matuidi et Raphaël Varane, avec qui j'ai vécu en sélection des émotions inoubliables. Forcément, ça rapproche. Mes relations avec le reste de l'équipe sont amicales. L'essentiel est de ne pas se faire d'ennemis. Je n'en ai pas.

J'entretiens une relation particulière avec l'entraîneur des gardiens, Franck Raviot. Basée sur l'humour. Je trouve qu'il a une façon très spéciale de s'exprimer, utilisant un langage soutenu qu'il agrémente de mots compliqués. J'en ai parfois des fous rires. Franck ne se vexe jamais et ne se gêne pas pour me rendre la pareille. J'ai beaucoup d'affection pour Raphaël, notre maître d'hôtel, Nico Piry, le représentant de Nike, et Jean-Yves, notre ostéopathe. Simples et authentiques. Sans oublier Guy Stéphan, l'adjoint du coach.

Les rassemblements à Clairefontaine génèrent toujours de l'excitation. Entre les entraînements, les repas, les séances chez le kiné et les soirées, nous passons les trois quarts de notre temps ensemble. Sauf la nuit, puisque nous dormons dans des chambres individuelles.

Je suis très sociable, mais je ressens parfois le besoin de m'isoler, alors je m'enferme dans ma chambre. Je prends toujours avec moi la Bible et je lis quelques versets avant de m'endormir. J'entends, à l'extérieur, la jeune génération qui monte se coucher à des heures beaucoup plus tardives.

Toutes nos soirées sont off, mais, bien évidemment, nous ne sommes pas autorisés à quitter Clairefontaine. Après le dîner, nous jouons au Baby-foot, aux cartes, au ping-pong. Le staff reste plus longtemps à discuter des prochains matchs ou à refaire le monde. De temps en temps, lorsque nous disposons de quatre jours de repos entre deux matchs, le coach accepte de nous laisser sortir de midi à 20 heures. Nous partons à Paris. Pour les raisons que chacun comprendra, il nous est difficile de nous balader dans les rues. Nous choisissons un endroit tranquille, comme un restaurant de grand hôtel, pour déjeuner. Puis, nous aussi, nous refaisons le monde.

Chacun de nous décompresse à sa façon. Dès que je m'assois dans le bus qui nous emmène au stade, je prends mon portable. Je commence par lire des versets de la Bible. Ensuite, j'écoute de la musique tout en jouant au Scrabble. Je suis devenu addict à ce jeu que je pensais n'être destiné qu'à la génération de nos grands-mères ! Une réelle découverte. J'aime également les échecs. Mon partenaire de jeu est N'Golo Kanté. Un jour, alors qu'un journaliste le questionne à ce sujet, il répond : « Je joue aux échecs et je bats Olivier Giroud. » Lorsque je tombe sur l'article, je lui demande : « Comment peux-tu dire ça ? » Il me rétorque : « Je me suis laissé piéger par le mec. » Et moi, du tac au tac : « OK. Un jour, moi aussi je révélerai que je te tue au Scrabble. » C'est chose faite. Sur cent cinquante parties en un an, il ne m'a battu que cinq fois. En revanche, je reconnais que ce passionné d'échecs est meilleur que moi. Toujours et encore la compétition ! On ne se refait pas…

Nous ne sommes pas particulièrement superstitieux, mais nous avons des rituels. En ce qui me concerne, c'est la prière. Avant chaque rencontre, je m'adresse de façon très brève à Jésus. Je ne suis pas le seul dans ce cas. La première fois que Clément Lenglet est arrivé en Équipe de France, je l'ai aperçu, à quelques minutes du début d'un match, assis sur une chaise, les yeux fermés, les mains jointes, un chapelet entre les doigts. Je me suis approché pour lui parler de ma foi et le féliciter de prier sans se cacher.

Pour relâcher la pression, d'autres, comme Antoine Griezmann, se défoulent en musique. Kylian Mbappé, Florian Thauvin, Thomas Lemar ou N'Golo Kanté effectuent des jongles. Blaise Matuidi, Corentin Tolisso et Hugo Lloris s'étirent. Moi aussi parfois. Chacun son truc. La couleur des chaussures, contrairement à une croyance répandue, n'entre pas dans le registre des superstitions. Elle est imposée par les équipementiers.

Nous avons des personnalités très différentes, c'est ce qui fait notre force. Il y a les démonstratifs, ceux qui font le show comme Griezmann, Pogba, Hernandez ou Presnel Kimpembe. Blaise Matuidi, Steve Mandanda et Raphaël Varane, eux, jouent les porte-parole de l'équipe. Hugo Lloris, le sérieux de la bande, est appelé à s'exprimer souvent puisqu'il est notre capitaine. Lors de la dernière Coupe du monde, Paul Pogba a endossé un rôle de leader que le public ne lui connaissait pas. Plus réservé, il m'arrive parfois de prendre la parole avant une rencontre importante. Une façon pour moi de libérer la tension et de me motiver en motivant mes coéquipiers. Enfin, il y a les silencieux, comme Kanté ou Mbappé. Il préfère parler avec ses jambes et ses pieds sur le terrain. C'est un garçon introverti, concentré. Il est d'une maturité impressionnante pour son âge. Son humilité est à la hauteur de son talent.

Dès notre arrivée au stade, nous entrons dans une « bulle », concentration oblige. Nous devons respecter des règles strictes, notamment l'interdiction de téléphoner dès lors que nous franchissons la porte des vestiaires. Plus aucun contact avec l'extérieur. Chacun écoute sa musique de son côté. De temps en temps, Antoine Griezmann et Paulo Pogba se mettent à danser et chanter pour détendre l'atmosphère. Depuis 2018, un nouveau boute-en-train les a rejoints : Benjamin Pavard.

Pour chauffer les muscles, nous nous faisons masser par le kiné ou l'ostéopathe. Durant ce temps de relaxation, nous nous donnons les uns les autres des conseils tactiques ou techniques sur le match à venir. Et puis, on ne sait pourquoi, au cœur de cette ambiance un peu tendue, une blague surgit au sujet d'une mauvaise frappe ou d'un ballon que l'un de nous a envoyé dans les tribunes pendant l'échauffement. Quelle que soit la compétition, l'ambiance au sein du groupe est saine et bon enfant. L'Équipe de France est une bande de potes.

En novembre 2020, je fêterai mes neuf ans en Équipe de France. Il me reste trois objectifs à atteindre : le premier, bien sûr, est d'être sélectionné pour l'Euro 2021. Mon envie et ma motivation sont intactes. Malgré mon âge, pour l'instant, le corps suit parfaitement. Le deuxième : remporter un second titre national, en l'occurrence, la Coupe d'Europe. Et enfin, le dernier : devenir le deuxième buteur de l'Équipe de France et passer devant Michel Platini. Aujourd'hui, avec trente-neuf buts, il m'en manque deux pour l'égaler, trois pour le battre.

Je suis un compétiteur dans l'âme. Chaque match provoque une émotion intense, quel que soit le résultat. Chaque titre gagné, chaque exploit accompli en club me remplit de joie. Mais, comme dit le coach : « Il n'y a rien de plus beau, rien de plus fort que l'Équipe de France. » Avec nos clubs, nous ne représentons qu'une ville. Avec les Bleus, ce sont 67 millions de Français qui nous suivent.

Je suis fier de représenter mon pays. Dans un an, je jouerai probablement ma dernière – ou mon avant-dernière, qui sait ? – compétition internationale.

Je sais déjà à quel point l'Équipe de France me manquera, après.

9

Après

Anticiper

Tant que mon corps suivra, tant que les clubs s'intéresseront à moi, je jouerai au foot. Je veux vivre ma passion le plus longtemps possible. Je sais qu'un jour tout s'arrêtera. Je m'y prépare mentalement.

J'ai peur. De l'après. Que me réserve l'avenir ? Que vais-je devenir ? Comment vais-je encaisser ce changement de vie ? Mon corps va-t-il supporter l'arrêt brutal des entraînements physiques quotidiens ? La seule certitude que j'ai, c'est que le football me manquera douloureusement. La compétition, je veux dire, l'adrénaline lorsque je marque un but, l'excitation d'avant-match, les ambiances de vestiaires, les rassemblements avec l'équipe, mes potes – tout ce qui remplit ma vie depuis si longtemps.

J'aborde souvent le sujet avec mon ami Robert Pirès, déjà passé par là. Il n'avait pas anticipé la fin de sa carrière. Quand elle a pris fin, il a profité de quelques jours de repos bien mérités. Puis il a fait une dépression. Il lui a fallu de longs mois pour rebondir. Il me met en garde : « C'est maintenant que tu dois commencer à réfléchir. Tant que tu te trouves sous les feux de la rampe et que tu es en activité. Une fois que tout sera fini, tu verras, ton téléphone sonnera de moins en moins. Alors, anticipe. »

Anticiper, je sais faire. Prévoyant et organisé, j'essaye de ne laisser aucune place au hasard, de façon à contrôler autant que possible ce qui m'arrive. Je suis bien placé pour savoir que la vie réserve des surprises et que souvent les événements nous échappent, mais, probablement parce que je suis anxieux, prévoir me cadre et me rassure. J'applique les conseils de Robert au pied de la lettre.

Je veux par-dessus tout rester dans ce milieu. Je joue au foot depuis que je suis en âge de marcher, je suis légitime, je n'imagine pas changer d'orientation. Le foot, c'est ma vie. Mais que faire face à cette certitude ? Vers qui me tourner ?

Reconversion

De temps en temps, mon après-carrière fait l'objet de discussions entre mon agent et moi. Un jour, Micha m'appelle et me propose de me présenter un coach spécialisé dans la reconversion des footballeurs. « Rencontre-le. Je suis certain qu'il pourra t'aider. » Quelques semaines plus tard, je prends rendez-vous avec Stéphane Ehrhart, un ancien footballeur qui a monté l'association After foot. Elle porte bien son nom ! L'objectif est d'aider les joueurs à optimiser leur carrière et préparer au mieux leur reconversion. Stéphane effectue un audit de ma situation sportive, familiale, financière et patrimoniale. Il me fait passer des tests pour cerner au mieux ma personnalité, mes talents hors football, ma capacité à communiquer, etc., puis me propose un plan de reconversion.

Depuis deux ans, nous nous rencontrons en direct ou par visioconférence et nous préparons mon avenir. À l'évidence, je resterai dans le milieu du football. Je ne me vois pas entraîneur, mais plutôt directeur sportif d'un club. L'univers de l'audiovisuel ou du cinéma ne fait, *a priori*, pas partie de mes projets. J'estime que ce sont des métiers à part entière, trop différents de ce que je connais. Cela dit, je reconnais que certains anciens sportifs ont parfaitement réussi dans ce domaine. Je ne refuserais pas de participer ponctuellement à une émission ou de donner parfois mon avis, mais c'est tout.

Nous n'y sommes pas encore. J'espère bien rester footballeur quelques années de plus. Malgré tout, je suis lucide. À trente-quatre ans, ma carrière est en grande partie derrière moi. L'heure est peut-être venue d'en faire un bilan.

Jamais je n'aurais imaginé vivre de telles émotions grâce au football. Jamais je n'aurais pensé atteindre un tel niveau. Je suis passé d'un objectif à l'autre, rarement dans la facilité, mais toujours avec cette volonté inébranlable de gravir les échelons et de surmonter les obstacles en travers de ma route.

Lorsque j'ai signé mon premier contrat pro, mon but était de jouer en Ligue 1. Arrivé en Ligue 1, j'ai voulu évoluer dans le meilleur championnat. Mon ascension n'était pas terminée tant que je n'étais pas sélectionné en Équipe de France. Je l'ai été, puis je suis devenu titulaire et j'ai gagné la Coupe du monde. Je suis aujourd'hui le troisième meilleur buteur de l'histoire des Bleus avec trente-neuf buts, derrière Michel Platini (quarante et un buts) et Thierry Henry (cinquante et un buts). Il me reste quelques mois pour me hisser à la deuxième place.

Dès que j'atteins un objectif, je m'en fixe un autre. Je regarde toujours plus loin. Je passe de rêve en rêve. Jusqu'à présent, tous se sont réalisés.

Certains pensent que j'ai un bon karma. Je ne sais pas vraiment ce que cela signifie. Je crois qu'une bonne personne a un bon karma, et c'est ce que je m'efforce d'être chaque jour. La réussite ne s'obtient pas seulement grâce au karma. Le talent non plus ne suffit pas. De nombreux paramètres entrent en jeu. L'entourage joue un rôle essentiel dans la vie d'un sportif de haut niveau et contribue largement à ses succès. J'ai la chance d'être né dans une famille unie et soudée qui m'a inculqué des valeurs solides, sur lesquelles je me suis construit. Jennifer a érigé autour de moi une bulle protectrice et bienveillante, qui m'a permis de travailler en toute quiétude. Ma carrière ne serait pas ce qu'elle est sans ma femme et mes enfants. Ma famille me régule et m'apporte le cadre et l'équilibre dont j'ai besoin. Quand les sollicitations deviennent trop envahissantes, elle me rappelle à l'ordre pour que je m'efforce d'être présent le plus possible auprès d'elle. Mon rythme de vie est calé, presque minuté, surtout avec les enfants. J'en souris parfois, avec Jennifer, lorsque nous nous remémorons la dernière fois que nous avons eu l'occasion de regarder un film le soir, confortablement installés dans notre salon. Ce n'est pas si fréquent ! Rares exceptions : les matchs de foot à la télé. Ce sont les seuls moments où je prends le temps de me poser.

Mon quotidien n'a rien d'extraordinaire. Je me couche tôt, vers 23 heures, parfois avant, lorsque je joue un match le lendemain. Je ne fume pas et je bois très peu, quand je reçois des amis ou à certaines occasions. Dès le début de ma carrière, mon frère Romain, qui est diététicien, a surveillé mon hygiène de vie. Je me souviens, lorsque je me suis retrouvé seul à Istres pour la première fois, il débarquait chez moi, ouvrait les placards, le frigo, et mettait de côté les aliments qu'il jugeait mauvais pour ma santé, trop lourds ou trop gras. Grâce à lui, j'ai appris à me nourrir sainement. Je sais aussi me faire plaisir. Je suis un épicurien, j'aime le bon vin et les bons repas. De temps en temps, je m'autorise quelques écarts, par exemple un McDo avec mes enfants, une fois tous les deux mois. Un chef cuisinier vient à la maison quatre soirs par semaine et nous concocte des menus équilibrés et diversifiés à base de légumes, de féculents, de protéines. Toute la famille en profite !

Ce socle familial me donne de la force et une assurance dont je manquais lorsque j'ai commencé ma carrière. Mon frère Romain m'a beaucoup aidé sur ce plan aussi. Il m'a souvent répété que j'avais toutes les qualités pour réussir. Je devais juste, je cite, « lâcher les freins et foncer ». Je l'ai écouté et, au fil des années, grâce à mes performances, j'ai acquis une solide confiance en moi. Il en faut, indéniablement.

Didier Deschamps évoque parfois, me concernant, un excès de confiance. C'est peut-être l'image que je renvoie, la carapace que j'endosse en public, mais je ne suis pas d'accord avec lui. J'ai traversé et je continue de traverser des périodes de doute durant lesquelles je suis obligé de me remettre en question. Je pense avoir cette qualité d'entendre ce que l'on me dit et d'accepter les critiques. Je concède cependant, au début de ma carrière – à Istres et à Tours –, une fâcheuse tendance à m'endormir sur mes lauriers. J'étais l'attaquant titulaire, parfois moins enclin à travailler, pensant ma place acquise. Mon coach de l'époque, Frédéric Arpinon – un homme qui a beaucoup compté pour moi –, ne manquait pas de me « rentrer dedans » dès qu'il sentait que je m'installais dans ma zone de confort.

À ce sujet, une anecdote me revient. Lorsque je jouais à Istres, mon équipementier m'avait demandé de porter des chaussures colorées. Un jour, dans les vestiaires, à la mi-temps d'un match, Frédéric Arpinon se plante devant moi et me dit : « C'est quoi ces chaussures ? Tu te prends pour un acteur de cinéma ? » Cette remarque m'a suivi longtemps...

Le talent ne suffit pas

Dès mon arrivée à Montpellier, j'ai pris conscience que je n'avais plus de temps à perdre. J'avais déjà vingt-quatre ans, et, non, rien ne serait jamais acquis. J'ai mis un coup d'accélérateur à ma carrière en travaillant.

La pression et la concurrence sont si fortes aujourd'hui en club et en Équipe de France que je ne peux plus me permettre de me reposer sur mes acquis. Je dois me battre pour gagner et conserver ma place. Les coups que j'ai pris m'ont finalement aidé à acquérir davantage de maturité. On ne devient pas champion du monde du jour au lendemain. Chaque joueur a besoin de temps pour se perfectionner et gravir les marches, les unes après les autres.

Réussir quand on est footballeur, c'est aussi accepter les sacrifices. Mettre de côté une partie de sa vie d'adolescent, vivre séparé de sa famille et de ses amis, ne pas toujours partager les moments importants de la vie avec ses proches. Dans un autre registre, je me sacrifie sur le terrain, pour le bien de l'équipe. Comme tout attaquant qui se respecte, je joue pour marquer. Mais, alors que je me trouve à quelques mètres de la cage du gardien de l'équipe adverse, il m'arrive parfois ne pas tirer au but et de passer le ballon à l'un de mes coéquipiers, mieux placé. Les mots du coach sont gravés dans nos esprits : « Le collectif avant tout. » Cet altruisme fait partie de ma personnalité et de mon jeu. Outre-Manche, on dit de moi que je suis un *target man* – un homme cible. Un joueur capable de tenir le ballon grâce à son gabarit et à son jeu dos au but. Je suis un point d'appui pour mes partenaires et j'aime jouer en remise ou en déviation quand le jeu me pousse à le faire. Mon rôle est avant tout de finir les actions et de marquer des buts. Je suis aussi un *link-up player*, je fais le lien avec mes partenaires dans la zone offensive pour les mettre dans les meilleures dispositions. Ma passe décisive pour mon ancien coéquipier à Arsenal, Jack Wilshere, en une touche de balle en est le parfait exemple.

Ce profil d'attaquant atypique est moins spectaculaire que celui d'un Mbappé, qui file droit au but grâce à sa vitesse de sprinteur et ses dribbles déroutant pour ses adversaires. Nous sommes tous deux des attaquants, mais avec des qualités différentes.

J'ai aussi appris, au fil des années, à faire le « sale boulot ». Courir d'un bout à l'autre du terrain ou colmater les brèches. C'est ce que nous avons fait, Antoine Griezmann et moi, lors de la dernière Coupe du monde, notamment contre la Belgique, où nous sommes sortis de notre rôle pour défendre comme des milieux de terrain. L'objectif reste le même : gagner, même si cela se fait au détriment de la beauté du jeu. Seuls quelques spécialistes de foot ont été capables d'apprécier ces efforts. Les autres se sont simplement contentés d'écrire que je n'avais marqué aucun but durant la compétition.

Le talent ne suffit pas. La chance joue un rôle important dans une carrière de footballeur. La chance d'être là, au bon endroit, au bon moment. La chance de ne pas être freiné par une blessure. Croiser sur son chemin les bonnes personnes, qui nous feront confiance, qui croiront suffisamment en nous pour nous offrir des opportunités et qui nous accompagneront jusqu'au sommet.

Je m'estime béni des choix que j'ai faits, béni de mes rencontres, qui m'ont permis d'en arriver là. Je ne nourris qu'un seul regret, celui de n'avoir pas marqué en Coupe du monde. Mais je n'échangerais ma place contre rien au monde. Sortir meilleur buteur de la compétition ou gagner le titre. Le choix est vite fait.

Le talent ne suffit pas. Il existe des diamants bruts de quatorze-quinze ans qui ne deviendront jamais ni Ronaldo, ni Messi ni Zidane, parce que, au-delà de leur génie, il leur manque l'essentiel : la discipline, le travail et la persévérance. Il faut travailler sans relâche. Il faut s'accrocher. Ne jamais se laisser décourager par les sifflets du public ou le choix d'un entraîneur. Avancer. Rester humble et respectueux. Tirer des leçons de ses échecs et repartir encore plus fort. Nous sommes des compétiteurs. La volonté de gagner ne doit jamais nous lâcher. Nous avons besoin tout autant de nos pieds que de notre tête. La force mentale est primordiale, elle m'a permis de surmonter les épreuves et de refaire surface quand on me croyait fini.

Ma foi inébranlable en Jésus, jour après jour, minute après minute, m'accompagne dans tout ce que j'accomplis et me rend fort. Parce que j'ai confiance en la vie, en Dieu, en moi et en la destinée.

Voici mon histoire. L'histoire d'un gamin de Froges, passionné de foot qui, à force d'y croire, a réalisé ses rêves les plus fous.

Carrière

En club :

Juin 2006 : premier contrat pro de trois ans au Grenoble Foot 38

2006-2007 : première saison pro au GF 38

2007-2008 : Istres FC (14 buts en 33 matchs)

2008-2010 : Tours FC (L2)

18 septembre 2009 : quadruplé lors de la 7e journée de Ligue 2 contre l'AC Arles-Avignon

2010-2012 : Montpellier Hérault Sport Club

8 août 2010 : premier match en L1, Montpellier-Bordeaux

15 octobre 2011 : triplé en L1 contre le Dijon FCO

26 novembre 2011 : triplé contre le FC Sochaux-Montbéliard

2012-janvier 2018 : Arsenal FC

9 décembre 2015 : premier triplé en Ligue des champions à l'Olympiakos avec Arsenal

15 mai 2015 : triplé face à Aston Villa Football Club

1er janvier 2017 : but « coup du scorpion » contre Crystal Palace (prix Puskás du plus beau but de l'année)

7 janvier 2017 : capitaine pour la première fois avec Arsenal lors d'un match de la Coupe d'Angleterre

28 septembre 2017 : 100e but toutes compétitions confondues sous le maillot d'Arsenal lors du match de Ligue Europa face au FK BATE Borisov

Janvier 2018 : départ d'Arsenal avec 105 buts en 253 matchs toutes compétitions confondues, en cinq ans et demi.

Janvier 2018 : Chelsea FC

5 février 2018 : premier match sous les couleurs du Chelsea FC

En Équipe de France :

2011 : Appelé par Laurent Blanc

11 novembre 2011 : première sélection en Équipe de France face aux USA

29 février 2012 : première titularisation en l'absence de Karim Benzema et premier but en Équipe de France lors d'un match amical face à l'Allemagne.

Éliminatoire de la Coupe du monde 2018 : entre dans le top 10 des meilleurs buteurs de l'histoire de l'Équipe de France avec 23 buts

Aujourd'hui, 3e meilleur buteur de l'Équipe de France (39 buts) derrière Platini (41 buts) et Thierry Henry (51 buts)

Palmarès

2019 : vainqueur de l'Europa League (Chelsea) ; meilleur buteur de l'Europa League (11 buts) ; finaliste de la Coupe de la Ligue (Chelsea) ; finaliste de la Supercoupe de l'UEFA (Chelsea)

2018 : vainqueur de la Coupe du monde (France) ; vainqueur de la Coupe d'Angleterre (Chelsea)

2017 : prix Puskás de la FIFA du plus beau but de l'année

2016 : vice-champion d'Angleterre (Arsenal) ; finaliste du Championnat d'Europe (France) ; soulier de bronze de l'Euro (3e meilleur buteur de la compétition)

2014, 2015, 2017 : vainqueur de la Coupe d'Angleterre (Arsenal) ; vainqueur du Community Shield (Arsenal)

2012 : champion de France (Montpellier) ; meilleur buteur du Championnat de France (21 buts)

2011 : finaliste Coupe de la Ligue (Montpellier)

2010 : meilleur buteur et meilleur joueur de L2 (Tours)

Remerciements

Du fond du cœur, merci à toute ma famille.

Merci Papi Henri et Mamie Yvonne. Grâce à vous, je garde des souvenirs inoubliables de nos Noëls en famille et de nos vacances à Val-d'Isère avec Matthieu.

Merci Papi Jean de m'avoir fait comprendre qu'il fallait travailler dur dans la vie pour réussir. Je n'oublierai jamais ton sourire.

Merci Mamie Tonia pour tous ces moments privilégiés passés ensemble. J'aimais tellement t'écouter me raconter ton enfance et ton histoire avec Papi. Ces valeurs de travail, de respect et d'humilité qui sont aujourd'hui ancrées en moi, c'est aussi à toi que je les dois.

Merci Papa pour tous les sacrifices que tu as faits. Grâce à toi, nous n'avons jamais manqué de rien. Tu es le meilleur des pères !

Merci Maman chérie pour ton amour inconditionnel, tes câlins et tes petits mots doux. Tu m'as fait découvrir la foi chrétienne que nous avons la chance de partager en famille.

À vous, Bert, Rom et Bé. Vous avez pris soin de moi depuis que je suis petit, vous m'avez couvert d'affection et, chacun à votre manière, vous avez été des exemples pour moi.

Jen, je suis conscient que tu as sacrifié ta carrière professionnelle pour que je puisse vivre ma passion. Mais, au-delà de tout, tu m'as permis de devenir l'homme et le joueur que je suis aujourd'hui. Tu as fait de moi un père comblé par trois magnifiques enfants. Pour tout cela, je te remercie.

Merci Dominique, Ghislaine, Amandine et Nathan pour votre soutien indéfectible.

À toi Micha, qui m'accompagnes et me conseilles avec sagesse dans ma carrière sportive. Merci !

Aldo et Hakim, vous m'avez fait vivre mes premières émotions footballistiques à Froges. Je n'oublierai pas.

Merci à Bernard Blaquart, Fred Arpinon, Daniel Sanchez, René Girard, Arsène Wenger, Antonio Conte, Maurizio Sarri, Frank Lampard et Didier Deschamps. Ma carrière de footballeur n'aurait pas été la même sans vos conseils, vos coups de gueule et vos encouragements. Chacun d'entre vous m'a permis de gravir pas à pas les marches vers la réussite. Je sais ce que je vous dois.

Une pensée pour Louis Nicollin, regretté président emblématique du MHSC et du football français. Un amoureux du ballon rond, un homme passionné et attachant qui a joué un rôle déterminant dans ma carrière.

Enfin, merci Dominique de m'avoir accompagné dans l'écriture de ce livre au cours duquel je me suis livré tel que je suis. Sans fard, sans filtre et avec émotion.

Remerciements à Jésus

Merci, Jésus, pour ton amour.
Tu es ma force intérieure pour toujours y croire.
Amen.

Table

Pour en savoir plus
sur les Éditions Plon
(catalogue, auteurs, vidéos, actualités...),
vous pouvez consulter notre site Internet
www.plon.fr
www.lisez.com

lisez!

Editions Plon

@EditionsPlon

@editionsplon

MIXTE
Papier issu de sources responsables
FSC® C003309
www.fsc.org

L'éditeur de cet ouvrage s'engage
pour la préservation de l'environnement
et utilise du papier issu de forêts gérées
de manière responsable.

Achevé d'imprimer en septembre 2020
par Normandie Roto Impression s.a.s.
N° d'impression : 2003022
Imprimé en France